YASSIR ERIC

WIR MÜSSEN REDEN, BEVOR ES ZU SPÄT IST

Über radikalen Islam, Integration und unsere Ideale

Wenn ein Fremdling bei euch wohnt in eurem Lande,
den sollt ihr nicht bedrücken. Er soll bei euch wohnen
wie ein Einheimischer unter euch, und du sollst ihn lieben
wie dich selbst; denn ihr seid auch Fremdlinge
gewesen in Ägyptenland.

3. *Mose* 19,33–34

Aus Verständlichkeitsgründen verwendet der Autor durchgehend das generische Maskulin bei Personenbezeichnungen. Selbstverständlich sind dabei immer auch Frauen mitgemeint.

Inhaltsverzeichnis

Prolog

Marktplatz Mannheim, 31. Mai 2024: Die islamkritische Bürgerbewegung »Pax Europa« hat einen Stand aufgebaut, es soll eine Kundgebung mit dem Gesicht der Bewegung, Michael Stürzenberger, geben. Polizisten sind vor Ort, sie sollen für Sicherheit sorgen. Doch zu der Kundgebung kommt es nicht: Der in Deutschland lebende Afghane Sulaiman A. rennt mit einem Jagdmesser auf den Islamkritiker Stürzenberger zu und sticht auf ihn ein. Vier weitere Personen, die dem Opfer helfen wollen, werden ebenfalls verletzt. Schließlich sticht der Attentäter auch von hinten auf einen Polizeibeamten ein und trifft ihn an Kopf und Oberkörper. Der Polizist Rouven Laur stirbt wegen der schweren Verletzungen zwei Tage später im Krankenhaus. Unter den Verletzten, die versuchten, den Angreifer zu überwältigen, ist neben einem aramäischen Iraker auch ein Ordner der Kundgebung. Er ist schwer verletzt und überlebt nach Aussage eines Arztes »um Haaresbreite«. Und zwar, so betont der Arzt, »wegen eines exzellenten Kollegen in der Notaufnahme, der aus Saudi-Arabien stammt«.[1]

Vor Gericht sagte der Angeklagte, die Tat tue ihm leid. Er wünsche, dass das alles nur ein Traum sei und er es wiedergutmachen könne. Er habe diese schreckliche Tat begangen, weil er sich über den Messengerdienst Telegram habe radikalisieren lassen. Mit Beginn des Gaza-Krieges habe sich etwas in ihm verändert, so Sulaiman A. Auf Telegram habe er leidende und getötete muslimische Frauen und Kinder gesehen. Das habe ihn tief bewegt. Er habe jeden Tag geweint.

Vor der Tat habe er sich von einem Chat-Partner auf dem Messengerdienst, den er einen »Gelehrten« nennt, die Erlaubnis geholt, Ungläubige zu töten. Er sei nach den Gesprächen entschlossen gewesen, den Islamkritiker Stürzenberger in Mannheim bei der Infoveranstaltung von Pax Europa umzubringen, weil er dies als seine religiöse Pflicht ansah.

Nach dem Angriff sei er zuerst davon ausgegangen, Michael Stürzenberger getötet zu haben. Erst dann habe er den Polizisten Rouven Laur gesehen und gedacht: »Heute muss noch jemand sterben.« Deshalb habe er zweimal auf den Polizisten eingestochen. Danach sei er selbst zu Boden gegangen.[2]

Dieser tödliche Messerangriff zeigt beispielhaft viele Aspekte auf, über die wir reden müssen: Über die schnelle Radikalisierung eines Mannes, der durch die Solidarität mit den Opfern in Gaza zu einem Hass gegenüber »Ungläubigen« kommt, und töten will – und zwar jemanden, der seine Religion kritisiert. Und der dann, wie er bei seinem Geständnis vor Gericht schildert, selbst über sich und seine Tat entsetzt ist.

Wir müssen aber auch reden über die großartige Zivilcourage von Menschen, die sofort einschreiten: Ein aramäischer Iraker, ein Ordner, Polizisten. Und ein saudi-arabischer Arzt, der im Gegensatz zum afghanischen Attentäter Leben rettet, statt diese zu zerstören.

Im März 2023 erschien die erste Auflage meines Buches. Nun, fast drei Jahre später, nach weiteren islamistisch motivierten Attentaten, bleibt es weiterhin wichtig, darüber zu reden, was Menschen dazu bringt, solche Taten zu begehen.[3]

Es darf nicht sein, dass Menschen verletzt werden oder ihr Leben lassen müssen! Genauso wenig darf es allerdings sein, dass durch Taten solcher Extremisten Fremdenhass entsteht oder verstärkt wird, der allen Muslimen und Migranten schadet und ein friedliches Zusammenleben verhindert.

Deshalb müssen wir reden, bevor es zu spät ist. Und viel früher ansetzen als bei der Suche nach potenziellen »Gefährdern«. Jede Tat beginnt im Kopf. Es ist nötig, über die ideologischen Grundlagen zu sprechen, über die scheinbar »kleinen« abwertenden Gedanken, die zu Hass und Gewalt führen können. Gedanken, die abgrenzen und abwerten, sind nicht harmlos.

Ich habe den Eindruck: Zwar verurteilen Politiker nach Attentaten diese aufs Schärfste, und es folgen politische Forderungen, aber dann geht man doch schnell wieder zur Tagesordnung über. Es wird also über die Tat geredet, aber offensichtlich zu wenig daraus gelernt.

Wenn wir nicht die Konflikte angehen, die bereits in unserer Gesellschaft schwelen, dann werden wir auch in Zukunft immer wieder solche erschütternden Schlagzeilen lesen müssen. Wir haben also keine Wahl: Entweder wir gehen offensichtliche Probleme an, oder lassen ihnen ihren Lauf, sodass wir spätestens dann über sie reden müssen, wenn sie sich ereignet haben.

Ich weiß, wovon ich rede. Denn ich wuchs selbst in einer strenggläubigen Familie eines führenden arabischen Clans im Sudan auf. Zwei Jahre verbrachte ich in einer Koranschule, in der ich einen tiefen Hass gegenüber Christen und Juden eingeimpft bekam. Dieser gipfelte darin, dass ich versuchte, gemeinsam mit Freunden einen christlichen Mitschüler umzubringen, nur deshalb, weil er ein Andersgläubiger war. Ich habe erlebt, wie mich mein Vater verstoßen hat, wie ich die Familie verlassen musste, nur weil ich mich später selbst für ein Leben als Christ entschieden habe. Weil ich dadurch unseren Clan entehrt und die Religion beleidigt habe. Das ist lange her. Ich habe seitdem viel gelernt über das Miteinander von Christen und Muslimen, aber auch über falsch verstandene Toleranz gegenüber denen, die unsere freiheitlichen Werte verachten.

Die unterschätzte Rolle der Religion

Seit fast 30 Jahren bin ich in Deutschland zu Hause. Obwohl ich mich inzwischen selbst als Leiter eines Instituts mit dem Thema Integration beschäftige, merke ich immer wieder an mir selbst: Meine kulturelle Prägung sitzt tiefer, als ich oft denke. Obwohl ich sehr gerne in Deutschland bin und dankbar, hier zu leben, fühle ich mich in meiner Wahlheimat manchmal noch immer fremd. Integration ist eben nicht erledigt, wenn ich Deutsch spreche. Nein, dann fängt Integration erst an. Wer bin ich denn nun? Ein Deutscher, der eben noch etwas Migrationsgeschichte mitbringt, oder vor allem ein eingewanderter Araber, der jetzt einen deutschen Pass besitzt?

Diese Spannung ist kein Widerspruch, sondern wird bei mir immer eine Realität bleiben, anders als bei meinem Sohn, der hier geboren und aufgewachsen ist. Es gibt Dinge in meinem Leben, die ich nicht so klar sortieren kann. Das Leben in zwei Kulturen ist eine unglaubliche Bereicherung. Aber es kann auch eine große Herausforderung sein. Das merke ich auch, wenn es um die Begleitung von Migranten geht. Mit vielen stehe ich in Kontakt und weiß: Selbst wenn man einen deutschen Pass besitzt, ist die Sache mit der Integration nicht erledigt: Manche, die bereits seit Jahrzehnten hier wohnen, sind innerlich immer noch nicht angekommen.

Wir Migranten haben zwei Dinge, die uns sehr wichtig sind: unsere Religion und unsere Kultur. Und mit Kultur meine ich nicht unser Essen oder unsere Musik, sondern das, was uns im Innersten prägt, was uns ausmacht, unsere Identität, unsere Werte und Normen. Auch wenn viele säkulare Menschen hierzulande mit Religion nur noch wenig anfangen können und diese als Privatsache gilt – für zahlreiche Migranten ist Religion nicht nur ein Teil ihres Lebens. Sondern das

Leben ist für sie eher ein Teil der Religion. Ihr Glaube durchdringt alle Lebensbereiche, er ist das Zentrum des Lebens. Diesen hohen Stellenwert der Religion, der oft eng mit der Kultur verbunden ist, unterschätzt die deutsche Mehrheitsgesellschaft meiner Ansicht nach häufig. Die allermeisten Migranten aus dem orientalischen Kulturkreis – egal ob Muslime oder Christen – sind religiös erzogen worden. Religiöse Prägungen sitzen sehr tief und haben starken Einfluss auf ihr Denken und Handeln. Das gilt auch für Menschen, die sich selbst als nicht allzu gläubig bezeichnen – die Prägung geschieht oft auch unterbewusst. Hinzu kommt, dass viele der Flüchtlinge hautnah religiöse Konflikte erlebt haben und für sie auch deshalb Religion eine völlig andere Rolle spielt als für jemanden aus Deutschland, der religiöse Konflikte nur aus dem Geschichtsbuch kennt. Wenn jemand aus dem Irak flieht, weil sein Vater von IS-Terroristen getötet wurde, oder wenn jemand in einer sunnitischen Widerstandsgruppe gegen den ehemaligen syrischen Präsidenten Assad für seinen Glauben gekämpft hat oder vor dem türkischen Präsidenten Erdoğan geflohen ist, weil er Anhänger des Predigers Fethullah Gülen ist und deshalb als »Terrorist« gilt, dann hat Religion für diesen Menschen einen großen Stellenwert und eine sprichwörtlich existenzielle Bedeutung. Das können wir als Mitglieder der Mehrheitsgesellschaft zwar ignorieren, aber die damit verbundenen Themen werden unsere Gesellschaft dennoch beschäftigen.

Glaube per se ist kein Integrationshindernis. Doch manche religiösen Überzeugungen können im Gegensatz stehen zu freiheitlichen Werten wie der Meinungsfreiheit, der Gleichheit von Mann und Frau oder der Toleranz von Andersgläubigen beziehungsweise Nichtglaubenden – und darüber müssen wir reden.

Alles Bemühen darum, dass Menschen in unserer Gesellschaft ankommen, ist und bleibt Stückwerk, wenn wir nicht über die Einstellungen und Prägungen reden, die Integration erschweren oder sogar unmöglich machen.

Als evangelischer Theologe möchte ich nicht die bereits bestehenden Gräben vertiefen, sondern ein Brückenbauer zwischen den Religionen sein und zwischen den Kulturen vermitteln. Mein Ansatz gegenüber Muslimen ist Wertschätzung und nicht Abrechnung. In jeder Muslima sehe ich meine Schwester, in jedem Muslim meinen Cousin oder meinen Vater, den ich so schmerzlich vermisse.

Und gerade deshalb scheue ich nicht davor zurück, in diesem Buch meinen Finger in einige Wunden zu legen: Wir müssen Denkblockaden beiseiteschieben und über alles reden, was Menschen daran hindert, mental hier anzukommen. Auch wenn das bedeutet, dass manche gängige Interpretation des Islams hinterfragt wird.

Wenn wir das nicht machen, scheitern alle Integrationsbemühungen – aus einem Miteinander wird ein Nebeneinander. Es entstehen Parallelgesellschaften, in denen Menschen leben, die kaum etwas verbindet, außer, dass sie im selben Land wohnen.

Dieses Buch soll keine wissenschaftliche Abhandlung sein, sondern will anregen, sich mit religiösen und kulturellen Integrationsblockaden zu beschäftigen und dadurch einen ehrlichen und ergebnisorientierten Dialog zu beginnen – ein Gespräch über Glauben und Werte, die uns wichtig sind. Nur so kann ein Miteinander gelingen, ein »Wir-Gefühl« entstehen.

Es könnte sein, dass manche der Fragen, die ich stelle, auch von Menschen mit ausländerfeindlicher oder muslimfeindlicher Gesinnung aufgegriffen werden. Deshalb sage ich an dieser Stelle klar, dass ich mit solchen Einstellungen nichts zu tun habe – im Gegenteil! Ich distanziere mich vehement davon.

Der entscheidende Unterschied: Jene sind grundsätzlich gegen Migranten beziehungsweise gegen den Islam. Mir jedoch geht es einzig und allein um Gedankengut, das nicht mit den Menschenrechten und dem Grundgesetz vereinbar ist und das unsere Gesellschaft zu spalten droht.

Ich sehe jeden Menschen als Ebenbild Gottes an – und ich wertschätze ihn.

Integration ist nicht nur ein Thema für Experten, sondern sie betrifft uns alle: Schließlich geht es um nicht weniger als um unsere gemeinsame Zukunft. Integration ist kein Kurzstreckenlauf, sondern ein Marathon. Lassen Sie uns loslaufen!

Themen, über die wir reden müssen

1.

Integration ist mehr als Deutsch lernen

»Bitte erzähl mir von Europa!« – Immer, wenn mein Onkel von einer Geschäftsreise aus England oder der ehemaligen DDR zu uns nach Khartum zurückkam, drängte ich ihn dazu, mir von seinen Erlebnissen zu berichten. »Später, später«, sagte er dann in einem vielsagenden Ton und wartete, bis mein Vater aus dem Zimmer ging und wir allein waren. Dann schloss er die Tür und erzählte mir Geschichten von der fernen westlichen Welt, die so völlig anders war als das Leben im Sudan und als alles, was ich damals als Jugendlicher für selbstverständlich hielt. Davon, dass sich dort Pärchen in aller Öffentlichkeit auf der Straße küssen, in jedem Supermarkt Alkohol verkauft wird, Männer und Frauen unbekleidet zusammen in Saunen schwitzen und es in Rotlichtvierteln ganze Straßen voller Bordelle gibt.

Durch die Erzählungen meines Onkels sowie meine religiöse und kulturelle Prägung entstand in mir ein sehr negatives Bild des »dekadenten Westens«. Ich schaute auf die westliche Gesellschaft herab und fühlte mich moralisch überlegen. Zugleich war ich von den wohlhabenden, besser entwickelten Industrieländern des Westens fasziniert und wäre gerne selbst dorthin gereist.

Wenn ich mit meiner damaligen Einstellung nach Deutschland gekommen wäre, hätte ich große Schwierigkeiten gehabt, hier anzukommen. Bereits am Anfang, wenn ich in die

Flüchtlingsunterkunft gekommen wäre, hätten meine Probleme begonnen. Ich stelle mir vor, wie ich als arabischsprachiger sunnitischer Muslim vielleicht mein Zimmer mit einem schiitischen Muslim aus dem Iran hätte teilen müssen oder einem Türken, dessen Vorfahren uns Araber kolonialisiert haben. Oder noch schlimmer: einem christlichen Südsudanesen, den ich in meiner Heimat bekämpft habe. Das wäre eine enorme Zumutung und Herausforderung für mich gewesen.

Meine ersten Kontakte mit der Mehrheitsgesellschaft wären mir wohl auch nicht leichtgefallen: Sehr gewöhnungsbedürftig wäre für mich als streng konservativ sozialisierter, muslimischer Mann ein Integrationskurs gewesen, in dem eine Frau unterrichtet.

Wahrscheinlich hätte ich mich innerlich, aber auch äußerlich von der deutschen Gesellschaft abgegrenzt und mir eine arabischsprachige Moschee gesucht, mit einem Imam, der eine ähnliche Prägung hat wie ich. Diese hätte ich so oft wie möglich besucht und mich dort mit meinen Glaubensgeschwistern getroffen. Der Weg in die Parallelgesellschaft wäre einfach der bequemste gewesen. Berührungspunkte mit der Mehrheitsgesellschaft hätte es kaum gegeben.

Außerdem hätte meine Familie, die keine Ahnung von dieser Gesellschaft und diesem Leben hat, mich durch Videoanrufe kontrolliert. Die arabischsprachigen Satellitenfernsehsender hätten das Ihre dazu beigetragen, dass ich mental in meiner ursprünglichen Welt geblieben wäre.

Eine Einladung der deutschen Nachbarsfamilie hätte mich verunsichert und auch etwas gestresst, weil ich nicht gewusst hätte, was mich erwartet: Sind die Wohnzimmer geschlechtergetrennt? Ist das Essen halal, also nach islamischen Vorgaben zubereitet? Soll ich bei der Begrüßung tatsächlich einer Frau die Hand geben und ihr dabei in die Augen schauen? Ist es in Deutschland üblich, die Schuhe vor der Tür auszuziehen? Und: Gibt es auf der Toilette nur Klopapier oder auch Wasser, das ich zur Reinigung verwenden kann?

Nicht jeder Migrant ist so sozialisiert, wie ich es damals war. Aber zahlreiche Zugewanderte bringen ebenfalls kulturell-religiöse Hürden unterschiedlichster Art mit, die einer gelungenen Integration im Weg stehen. Diese kann man überwinden oder mit ihnen umgehen lernen – wenn man es will.

Wenn manche Deutsche denken, dass alle Migranten, die hierherkommen, viel aufzuholen und zu lernen haben, was die Emanzipation der Frau, den ungezwungenen Umgang der Geschlechter oder die Akzeptanz von Homosexualität angeht, irren sie sich. Erstens gibt es sehr wohl Menschen aus dem islamischen Kulturkreis, die mit diesen Themen überhaupt kein Problem und keinen »Aufholbedarf« haben. Viele Menschen, zum Beispiel aus dem Iran, sind genau deshalb nach Europa geflohen, weil sie diese Werte in ihrem Heimatland vermisst haben. Allerdings gibt es auch diejenigen, die ihre Einstellungen gar nicht ändern wollen. Aus meiner damaligen Sicht als konservativer Muslim und Anhänger der Muslimbrüder wäre es sogar andersherum gewesen: Ich wäre überzeugt gewesen, dass die Menschen hier von Werten des Islams und seiner Ethik profitieren können und deshalb nicht ich mich zu verändern habe, sondern diese Gesellschaft.

Obwohl Integration keine Assimilation sein kann und kaum jemand erwartet, dass alle Einwanderer Spätzle, Karneval oder Weizenbier mögen müssen: Jede Integration erfordert eine gewisse Anpassung. Und dieses kleine Maß an Assimilation sorgt bei vielen Menschen, die hierherkommen, für Bauchschmerzen. Ich bedauere, dass manche meiner muslimischen Freunde bei einigen Alltagsfragen in diesem Konflikt stehen – mein Glaube oder diese Kultur? Dies gilt es zu thematisieren.

Integration heißt »Erneuerung«

Das Wort »Integration« ist ein schwammiger Begriff. Alle reden davon, ohne genau zu sagen, was Integration für sie bedeutet. Integrieren kann sich niemand, der die deutsche Sprache nicht beherrscht. Denn sie sorgt dafür, dass derjenige auch im Arbeitsmarkt »integriert« sein kann.

Ein Job und Sprachkenntnisse allein reichen aber nicht aus, um integriert zu sein. Einen solchen »Integrations-Automatismus« gibt es nicht. Leider gab sich der Staat und die Mehrheitsgesellschaft jahrzehntelang mit dieser oberflächlichen Integration zufrieden und dachte, dass integriert ist, wer arbeitet und sich an die Gesetze hält. Das Dumme ist: Mit der Zeit entstanden Parallelgesellschaften, die heute ein fatales Signal für alle Neuzugewanderten aussenden: Du kommst auch ohne kulturelle Integration – vielleicht sogar ohne Sprachkenntnisse – hier zurecht.

Integration ist aber viel mehr, als Neuzugezogenen Deutsch und einen Job zu vermitteln. »Integration« stammt vom lateinischen Wort »integratio«, was »Erneuerung« oder auch »Wiederherstellung eines Ganzen« heißt. Für beide, die Neuankömmlinge und Alteingesessenen, braucht es ein Stück Veränderung und Umdenken, damit sie zusammen ein neues Ganzes bilden können.

Davon träume ich, und davon rede ich in dem Buch, wenn ich von »uns« und »wir« spreche: dass Normen und Werte uns als Gesellschaft zusammenhalten, die über die Grenzen der Hautfarbe, Religion und Herkunft hinausreichen. »Wir« ist also nicht ausschließend gemeint, sondern schließt alle ein, die diese Überzeugungen teilen.

Es braucht Selbstreflexion im Denken der Einwanderer

Viele Migranten haben sich ausgiebig darüber informiert, was die beste Route ist, um nach Deutschland zu kommen. Auch wenn sie gezwungen waren zu fliehen, haben sie sich bewusst dafür entschieden, nach Europa zu ziehen und dafür oft ihren gesamten Besitz Schleppern überlassen. Für viele war Deutschland das Traumland, das Ziel ihrer Reise. Aber nun, da sie hier wohnen, müssen sie sich darüber Gedanken machen, wie sie innerlich ankommen. In diese Überlegungen schließe ich mich ein: Wir selbst sind gefragt. Ein Integrationskurs bringt nichts, wenn die Bereitschaft fehlt, sich auch mental ganz auf die neue Umgebung einstellen und eigene Prägungen hinterfragen zu wollen. Jede Veränderung ist anstrengend, aber ich weiß: Der Aufwand, sich auf die neue Kultur einzulassen, lohnt sich.

Aber er verlangt ein hohes Maß an Selbstreflexion: Zwar verließen viele von uns ihre Heimat auch deshalb, weil sie sich in ihrem Land nicht entfalten konnten. Aber hier angekommen halten sie an manchen Verengungen und religiösen Denkweisen fest, die – wenn sie ehrlich sind – damals ein Fluchtgrund für sie waren. Sie litten zum Beispiel darunter, dass es keine Meinungsfreiheit gab – und fühlen sich nun verletzt, wenn ihre Kinder ihnen auch einmal widersprechen oder mit ihnen diskutieren. Statt dadurch die eigene Autorität infrage gestellt zu sehen, könnten sich Väter in solchen Situationen auch freuen, dass ihre Töchter und Söhne sich ihre eigenen Gedanken machen und eine eigene Meinung entwickeln. Sie beschwerten sich vielleicht, dass sie keine Chance hatten, sich in ihrem Herkunftsland politisch zu entfalten – aber anstatt in Deutschland politisch oder gesellschaftlich aktiv zu werden, diskutieren sie nur weiter über die politische

Situation in Kairo oder Kabul, die sie hinter sich gelassen haben.

Viele bleiben in der Vergangenheit stecken, statt die Gegenwart anzugehen. Doch so werden sie keine bessere Zukunft gestalten.

Ich selbst komme aus einer Tradition, in der Frauen nur mit männlichen Verwandten das Haus verlassen dürfen und in der eine Frau die Ehre der Familie hochhalten muss. Ich habe mich von diesen Ansichten schon längst bewusst verabschiedet, aber ich muss immer wieder aufpassen, dass ich meine Töchter nicht überbeschütze, sondern ihnen die Freiheit gebe, die sie brauchen – auch wenn das vielleicht bedeutet, dass meine Zwillinge ein Jahr im Ausland ohne mich verbringen –, eine Vorstellung, die mir ehrlich gesagt immer noch schwerfällt. Mir ist wichtig, dass ich ihnen beibringe, wie sie verantwortungsvoll mit ihrer Freiheit als junge Erwachsene umgehen. Der Rest liegt sowieso nicht mehr in meiner, sondern in Gottes Hand.

Nur wenn ich selbstkritisch meine Werte hinterfrage, kann ich entscheiden, was ich meinen Kindern an Werten mitgeben will und wo ich in der Erziehung bewusst einen anderen Weg einschlage, als ich es selbst erlebt habe. Eine solche Reflexion ist für alle Eltern wichtig – aber besonders für Mütter und Väter, die zwischen zwei Kulturen vermitteln müssen.

Es braucht Veränderung im Denken der Einheimischen

Deutschland ist ein Einwanderungsland. Etwa ein Viertel der Menschen in Deutschland – rund 21,2 Millionen – hatten 2024 eine Einwanderungsgeschichte, das heißt, entweder sie selbst oder deren beide Elternteile sind nach Deutschland eingewandert.[4]

Wenn eine Gesellschaft »Ja« zur Einwanderung sagt, bedeutet dies auch immer ein »Ja« zur Veränderung. In den 1960er-Jahren hat die damalige Bundesregierung Anwerbeabkommen vereinbart und sich damit bewusst entschieden, Gastarbeiter ins Land zu holen, was bis heute gesellschaftliche Konsequenzen hat. Migranten sind keine unbeschriebenen Blätter, sondern Menschen mit einer Geschichte und einer Prägung. Wenn sich ein Land dazu entscheidet, sie aus wirtschaftlichen oder humanitären Gründen aufzunehmen, ist damit auch die Pflicht verbunden, sich um die eingewanderten Menschen und ihre Bedürfnisse zu kümmern und klar zu kommunizieren, was man unter einer gelungenen Integration versteht.

Manche Einheimische fühlen sich überrumpelt von den etwa 6,5 Millionen Migranten, die seit 2015 hierherkamen.[5]

Eine Versicherungsgesellschaft hat 2024 Deutsche gefragt, was ihnen Angst macht. 51 Prozent der Befragten haben Angst vor »Spannungen durch Zuzug von ausländischen Menschen« und 56 Prozent vor »Überforderung des Staates durch Geflüchtete«.[6] Diese Ängste dürfen Politiker nicht ignorieren oder sie als unbegründet abwiegeln. Sie müssen ernst genommen werden, denn sie stehen dem entgegen, dass Migranten und die Mehrheitsgesellschaft zu einem Ganzen zusammenfinden. Andererseits muss auch klar sein, dass sich durch den Zuzug eine Gesellschaft verändert, und Migranten ebenfalls mitreden und mitbestimmen wollen. Der Soziologe Aladin El-Mafaalani spricht in diesem Zusammenhang vom sogenannten Integrationsparadox: Je erfolgreicher Integration gelingt, desto mehr Konflikte treten zutage – weil integrierte Menschen selbstbewusster ihre Interessen artikulieren und an den Ressourcen und Diskursen der Gesellschaft teilhaben wollen. Er spricht darüber, dass immer mehr und immer unterschiedlichere Menschen mit am Tisch sitzen und ein Stück vom Kuchen haben wollen. Und er stellt die Frage, wie man eigentlich auf die Idee kommt, dass es harmonisch werden soll. Gelungene Integration bedeutet nicht Konfliktfreiheit, sondern es braucht eine konfliktfähige Gesellschaft, wenn Integration gelingen soll.[7]

Das Verhältnis des Staates zur Religion

Wenn ich mit Bundestagsabgeordneten über die Rolle der Religion bei Integrationsfragen rede, verweisen diese oft auf die Neutralität des Staates gegenüber der Religion nach dem Motto: Da dürfen wir uns als Politiker nicht einmischen.

Natürlich bin ich auch dafür, dass der Staat sich den Religionen gegenüber neutral verhält. Aber der Staat trägt auch eine Verantwortung für ein friedliches Zusammenleben. Spätestens wenn es zu religiös legitimierten Straftaten kommt oder die Ausübung der Religionsfreiheit mit anderen Grundrechten kollidiert – beispielsweise, wenn ein strenges Ramadanfasten von jüngeren Schülern das Kindeswohl verletzen kann und negative Auswirkungen auf deren Konzentration und Gesundheit hat –, kann und darf der Staat die Rolle der Religion nicht mehr ignorieren.

Ich bin froh, dass der deutsche Staat ein positives Verhältnis zur Religion hat und nicht wie Frankreich als laizistischer Staat diese aus dem öffentlichen Leben verbannt. Denn Religion ist ein Grundbedürfnis des Menschen, das nicht unterdrückt werden darf. Wenn der Staat sich in einer positiven Form einmischt und beispielsweise Religionsunterricht an Schulen und eine Ausbildung von Theologen an Universitäten erlaubt, erhält Religion ihren Platz in der Öffentlichkeit. Wo Religion aus der Öffentlichkeit verdrängt wird, hat der Staat keinen Einfluss mehr auf die religiösen Akteure, das religiöse Leben spielt sich in Hinterhöfen ab. Parallelgesellschaften werden befördert.

Alles, was zu einem guten Zusammenleben beiträgt, wie das soziale Engagement und das friedensfördernde Potenzial von Religion, sollten Regierungen unterstützen. Auf der anderen Seite sollten aber da klare Grenzen gezogen werden, wo religiöse Ansichten einem guten Miteinander im Wege stehen.

2.
Gesellschaftliche Polarisierung überwinden wir, indem wir sachlich und ohne jegliches Tabu miteinander reden

Vor einiger Zeit hielt ich einen Vortrag vor europäischen Abgeordneten. Als Leiter eines Instituts für Islamfragen und Integration lag es nahe, dass ich genau über diese Themen sprach. Ich begann meine Rede damit, dass es meiner Erfahrung nach für Migranten nicht immer leicht ist, sich in die deutsche Gesellschaft zu integrieren – vor allem für Menschen, die aus mehrheitlich muslimischen Ländern kommen. Dies liege auch an den religiösen und kulturellen Unterschieden, sagte ich. Aber bevor ich überhaupt näher auf diese Unterschiede eingehen konnte, rief mir eine Abgeordnete zu: »Wir wussten gar nicht, dass wir einen Rechtspopulisten eingeladen haben!«

Durch diese Äußerung hatte ich den Eindruck, dass mich diese Parlamentarierin kurzerhand in eine Schublade gesteckt hatte. Es schien so, als würde ihre Meinung bereits feststehen. Eine sachliche Auseinandersetzung mit meinen Argumenten war für sie wohl nicht mehr nötig. Dürfen wir religiös oder kulturell begründete Probleme bei der Integration nicht ansprechen, weil das nicht in unser Weltbild passt? Das fände ich sehr bedenklich. Abgesehen davon ist es geradezu ironisch, mich als Migranten mit Fluchterfahrung als Rechtspopulisten zu bezeichnen. Ich, der ich tagtäglich kaum etwas anderes mache, als mich für die Integration von anderen Migranten einzusetzen. Aber dieses Erlebnis zeigt, wie sehr unsere Debattenkultur durch Denkverbote eingeschränkt wird.

Die Frage, wie man zum Islam steht, scheint die neue Gretchenfrage Europas zu sein. Dabei scheint es nur zwei Extreme zu geben: Entweder man hält alles, was mit dieser Religion zu tun hat, für bereichernd und gut. Oder man sieht im Islam ausschließlich eine Bedrohung der eigenen Kultur und Werte und ist überzeugt, dass sich der Islam nicht mit westlichen Werten vereinbaren lässt. Ich habe den Eindruck: Eine vermittelnde Position, wie ich sie versuche einzunehmen, die sich um das friedliche Zusammenleben der Kulturen und Religionen bemüht und sich dabei nicht scheut, problematische Dinge anzusprechen, ist bei Vorträgen und in Diskussionen oft nicht gefragt.

Wer den Islam kritisiert, auch wenn er dies auf eine konstruktive und respektvolle Weise macht, wird häufig als islamfeindlich, »islamophob«, oder – noch schärfer – als »antimuslimischer Rassist« bezeichnet. Anscheinend ein effektives Mittel, um Vertreter unliebsamer Meinungen zum Schweigen zu bringen. Dadurch wird der Spielraum für das, was öffentlich gesagt werden darf, eingeschränkt. Laut einer Allensbach-Umfrage sind 59 Prozent der Befragten der Meinung, dass es heikel sei, über Muslime beziehungsweise den Islam zu sprechen.[8] Doch wenn man in der Öffentlichkeit nicht über heikle Themen spricht, heißt das nicht, dass die Probleme gelöst sind – sie gären im Verborgenen weiter. Und darüber gesprochen wird dennoch – wenn nicht offen, dann eben an Stammtischen oder in der Anonymität des Internets.

Interessant finde ich die Beobachtung von Frauke Rostalski, Strafrechtsprofessorin und Philosophin, die in diesem Zusammenhang von »Diskursvulnerabilität« spricht, eine besondere Verletzlichkeit in der Kommunikation.

»Menschen sind immer weniger bereit, verbale Konflikte auszutragen, bestimmte Argumente und Themen überhaupt zu diskutieren, teilweise sogar bestimmte Sprecher sprechen zu lassen. Das hat aus meiner Sicht damit zu tun, dass wir in einer Zeit leben, in der die eigene Meinung so stark moralisch aufgeladen wird, dass sie mehr oder weniger zum Teil der eigenen Persönlichkeit wird. Wenn jemand mit einem Sachargument gegen meine Meinung argumentiert, dann ist das für mich in dem Augenblick kein Sachargument, sondern ein Angriff auf meine Person. Und dann reagiere ich emotional und auch teilweise aggressiv.«[9] Das kann erklären, weshalb es schwierig ist, sachbezogene Debatten zu führen.

Ich finde es tragisch, dass wir in dieser Gesellschaft, die durch ihre Aufklärung und ihre großen Denker und Philosophen berühmt geworden ist, beim Islam und Integrationsfragen eine Tabuzone betreten und sachliche Diskussionen nur selten möglich sind. Es geht anscheinend nicht mehr um gute Argumente und um den Wunsch, Lösungen für Probleme zu finden, sondern allein um das Aufrechterhalten des eigenen Weltbildes.

Oft höre ich von Herkunftsdeutschen: »Du hast es gut, du kannst kritisch über Islamthemen reden, uns ist das nicht möglich.« Sie spielen damit auf meine Hautfarbe und meine sudanesische Herkunft an. Darf ich über bestimmte Themen nur sprechen, wenn ich dazu farblich und von meinem »Migrationshintergrund« her qualifiziert bin? Das wäre eine Katastrophe – und gegenüber allen anderen Menschen, die keinen Migrationshintergrund haben, sehr diskriminierend.

Einige Bundespolitiker sagten mir: »Mit Ihren Argumenten haben Sie ja recht, aber das können wir so nicht öffentlich sagen, diese Position vertreten auch Rechtspopulisten.« Heißt das, dass man Probleme nicht mehr ansprechen darf, aus Angst, dass man Beifall von der »falschen« Seite bekommt? Ich bin mir sicher: Rechtspopulisten würden nicht so viel Zulauf erhalten, wenn sich die Politik und die Gesellschaft intensiver den Problemen widmen würde, die mit einem konservativen oder politischen Islam verbunden sind, statt diese kleinzureden oder als nicht existent darzustellen.

Deshalb: Faire und sachliche Islamkritik muss möglich sein. Lasst uns Probleme offen und ehrlich ansprechen. Nur so können wir sie angehen.

Diskriminierung und Rassismus

Seit vielen Jahren gibt es eine breite Diskussion über Rassismus in unserer Gesellschaft. Ich persönlich habe seit meiner Ankunft in Deutschland im Jahr 1999 noch nie direkten Rassismus erlebt. Dies liegt auch daran, dass ich in ein generell wohlwollendes Umfeld kam: Meine deutsche Frau, viele Freunde und die arabisch-evangelische Gemeinde in Stuttgart erleichterten mir den Start in der neuen Kultur immens. Auch mein Theologiestudium in Korntal und der dortige freundschaftliche Umgang, den ich mit meinen Dozenten und Kommilitonen hatte, halfen mir, hier Fuß zu fassen.

Aber das bedeutet nicht, dass andere Migranten Diskriminierung nicht hautnah und bitter erlebt haben und erleben! Freunde von mir mit fremd klingenden türkischen oder arabischen Namen haben die Erfahrung gemacht, dass sie bei der Wohnungssuche benachteiligt werden. Und sie sind damit nicht allein, wie Studien zeigen.[10]

Warum wirken fremd klingende Namen scheinbar abschreckend und führen zu Diskriminierung? Zuerst einmal scheint es ein Reflex zu sein, dass Fremdes oft als Bedrohung wahrgenommen wird, oder zumindest ein Unwohlsein hervorruft. Zusätzlich dazu glaube ich, eine große Rolle spielen auf der einen Seite negative Erfahrungen, die Deutsche mit Zuwanderern gemacht haben, und kulturelle Unwissenheit auf der anderen Seite. Ein weiteres Problem ist die Sprachbarriere, durch die Missverständnisse schon vorprogrammiert sind. Und Vorurteile oder Pauschalisierungen wie: »Alle Ausländer sind kriminell.« Ja, in den Gefängnissen ist der Prozentsatz von Menschen ohne deutschen Pass überdurchschnittlich hoch. Aber dennoch lebt die überwältigende Zahl der Migranten gesetzeskonform.

Ich plädiere dafür, bei der eigenen Wortwahl immer zu überprüfen, ob der Begriff »Diskriminierung« die Situation nicht besser trifft als »Rassismus«. Rassismus ist ein starker Begriff. Wir sollten vorsichtig mit ihm umgehen. Mit Blick auf unsere Geschichte gibt es kaum etwas Schlimmeres, als jemanden als Rassisten zu bezeichnen. Man sollte sich solche Verurteilungen für tatsächliche rassistische Einstellungen aufheben, statt vorschnell und inflationär vieles als »rassistisch« zu brandmarken.

Immer wieder, wenn ich in einem Zug nach Paris oder Zürich sitze, kommt die Grenzpolizei und will von mir als Einzigem im Abteil den Pass sehen. Fühle ich mich in solchen Situationen unwohl? Absolut! Sehe ich hinter dem Verhalten der Kontrolleure latenten Rassismus? Nein.

Wenn Polizisten auf der Suche sind nach Menschen, die illegal einreisen, liegt es aus ihrer Sicht nahe, aus Zeitgründen nur die Menschen zu kontrollieren, die offensichtlich einen Migrationshintergrund haben und die europäisch aussehenden Reisenden außen vor zu lassen. Ich mache mir klar, dass die Beamten auch nur ihren Job erledigen müssen und entscheide mich bewusst, mich nicht zu schnell als Opfer zu sehen. Von einer Passkontrolle lasse ich mir nicht den Tag verderben.

Woher kommst du?

Ich lebe seit 20 Jahren in Deutschland und werde dennoch regelmäßig gefragt, woher ich komme. Ich kann verstehen, dass vor allem junge Menschen, die hier geboren wurden, aber nicht danach aussehen, von dieser Frage genervt sein können – wenn sie immer erklären müssen, dass ihre Mutter aus dem Senegal oder ihr Vater aus dem Sudan kommt. Für sie entsteht der Eindruck, dass sie – bloß, weil sie ein anderes Aussehen haben – von manchen Deutschen nicht als ebenbürtig wahrgenommen werden. Ich kann das verstehen. Aber ich bin total dagegen, die Frage nach der Herkunft zu tabuisieren. Wichtiger ist, WIE man nach der Herkunft gefragt wird. Nur äußerst selten kommt es vor, dass mir mit dieser Frage eine Welle von Ablehnung entgegenschwappt und ich vermuten muss, dass tatsächlich eine rassistische Motivation hinter der Frage steckt. Wenn mich zum Beispiel eine ältere Frau im Gespräch irgendwann fragt, aus welchem Land ich komme, dann ist das für mich ein Zeichen von Interesse, ja sogar Wertschätzung, und ich antworte ihr sehr gerne. Mir ist es lieber, dass ich angesprochen werde und Fragen beantworten kann, als dass jemand mit tausend offenen Fragen im Kopf nach Hause geht und sich seine eigenen Gedanken macht. Denn wenn wir schweigen und nur übereinander statt miteinander reden, dann entsteht er tatsächlich: der Eindruck, sich fremd zu fühlen, und eine Chance der Begegnung ist vertan. Bei einem Herkunftsdeutschen macht sich dann vielleicht die Angst vor Überfremdung breit. Ein Migrant fühlt sich wahrscheinlich unwohl, wenn er auch noch nach Jahrzehnten als Fremder wahrgenommen wird.

Ich bin fest davon überzeugt: Vor Rassismus ist niemand sicher. Rassistische Denkweisen können in jedem Menschen vorhanden sein. Als gebürtiger Nordsudanese habe ich früher die Südsudanesen gehasst, und auf andere sudanesische Volksgruppen wie die Dinka herabgeschaut, die schwärzere Haut hatten als ich.

Bevor wir andere Rassisten nennen, sollten wir uns selbst fragen: Wie gehe ich mit anderen Menschen um? Jeder von uns muss seine Hausaufgaben machen, sich selbst, seine Motive und Denkweisen prüfen. Und jeder entscheidet täglich neu, wie er sich gegenüber seinem Nachbarn verhält.

Wenn wir nicht an unseren eigenen Einstellungen etwas verändern, werden Menschen weiterhin ungleich behandelt und abgewertet werden. Der Glaube an Gott kann helfen, allen Menschen mit Wertschätzung zu begegnen. Wenn ich davon überzeugt bin, dass jeder Mensch Gottes Ebenbild ist – unabhängig von der Hautfarbe, Religion oder Bildung –, dann habe ich eigentlich keine andere Wahl, als jeden zu respektieren.

3.

Kritik am Koran und dem islamischen Propheten dürfen kein Tabu sein

Da es in diesem Kapitel um heiße Eisen geht, wie kritische Anfragen an den Umgang mit dem heiligen Buch der Muslime und ihrem Propheten, ist es an dieser Stelle besonders wichtig, zwischen Muslimen als Menschen und dem Islam zu unterscheiden. Deshalb an dieser Stelle ein paar grundlegende Begriffsklärungen: Muslime sind keine homogene Gruppe, sondern vielfältige Individuen, die man nicht über einen Kamm scheren kann und die auch nicht als »die Muslime« unter irgendeinen Generalverdacht gestellt werden sollten.

Nach Berechnungen der Studie »Muslimisches Leben in Deutschland 2020« leben in Deutschland aktuell zwischen 5,3 und 5,6 Millionen muslimische Religionsangehörige mit Migrationshintergrund[a] aus einem muslimisch geprägten Herkunftsland. Das entspricht knapp 7 Prozent der Gesamtbevölkerung. Seit 2015 ist die Zahl der muslimischen Religionsangehörigen damit um rund 0,9 Millionen Personen gestiegen.[11]

Diese vielen unterschiedlichen Menschen interpretieren und leben ihre Zugehörigkeit zu ihrer Religion, dem Islam, sehr unterschiedlich. Grundsätzlich ist das durch die Religionsfreiheit geschützt. Davon zu unterscheiden ist der Islam als politisches System, der weit über persönliche Ansichten und die private Religionsausübung hinausgeht, da er die Gesell-

---

a Eine Person hat einen Migrationshintergrund, wenn sie selbst oder mindestens ein Elternteil nicht mit deutscher Staatsangehörigkeit geboren wurde.

schaft nach Vorstellungen des islamischen Rechts verändern will. Den Islam als politisches System kritisiere ich. Dazu zähle ich den Islamismus. Eine Keimzelle des Islamismus ist die Muslimbruderschaft, für die der Islam nicht nur Religion (din), sondern auch Staat (dawla) darstellt. Ihr Ziel ist nach Aussagen ihres Gründers, Hasan al-Bannā (1906–1949), eine islamische Gesellschaft und einen islamischen Staat mit der Scharia als Rechtsform aufzubauen. In Deutschland hat laut Bundesverfassungsschutz die Deutsche Muslimische Gemeinschaft »enge strukturelle und ideologische Verbindungen« zur Muslimbruderschaft.[12]

Diese sogenannten legalistischen Strömungen in der Tradition der Muslimbruderschaft wenden keine Gewalt an, sondern versuchen, mit rechtsstaatlichen Mitteln wie politischer und gesellschaftlicher Einflussnahme langfristig Politik und Gesellschaft so zu verändern, dass sie mit ihrem Islam-Verständnis übereinstimmen.[13]

Auch die Salafisten zählen zum Spektrum des Islamismus. »Der Salafismus ist eine islamistische Ideologie und zugleich eine extremistische Gegenkultur mit einem abgrenzenden Lebensstil«, heißt es im Verfassungsschutzbericht. Die Salafisten, zu denen sich rund 11 000 Personen in Deutschland zählen, sehen sich als die einzigen »wahren Muslime« und betonen, dass sie nur dem Koran und dem Vorbild Muhammads und nicht der islamisch-theologischen Tradition folgen. Sie heißen Salafisten, weil sie ein Leben wie die Gefährten Muhammads (salaf) aus dem siebten Jahrhundert führen wollen und kleiden sich deshalb auch dementsprechend. Beispielsweise tragen die Männer einen langen Vollbart bei rasierter Oberlippe. Diese strengen islamischen Vorschriften, die das Alltagsleben bis ins Detail prägen, sprechen vor allem Menschen an, die sich nach Orientierung, Lebenssinn und klaren Regeln sehnen. Der Salafismus hat auch eine politische Komponente, da beispielsweise Demokratie und menschengemachte Gesetze abgelehnt werden, weil sie die Souveränität Allahs infrage stellen.

Salafisten laden aktiv zum Islam ein und predigen auf Deutsch, was sie für viele Konvertiten zum Islam attraktiv macht – und gleichzeitig zeigt, dass einfach nur auf Deutsch zu predigen, wie es oft bei Integrationsdebatten gefordert wird, nicht ausreicht, um integrativ zu wirken. Es kommt bei Predigten vor allem auf den Inhalt an – auch wenn Muslime diesen natürlich besser hinterfragen können, wenn sie ihn überhaupt verstehen. Nach wie vor bildet der Salafismus mehrheitlich den ideologischen Unterbau für eine kleine Zahl von gewaltbereiten »Dschihadisten«, wie auch der Verfassungsschutz bestätigt.[14] Dies heißt nicht, dass alle Salafisten Gewalt anwenden, aber ihre Ideologie ist nahezu identisch mit der von Dschihadisten. Auch »friedliche« Salafisten, die sich gegen Terrorismus positionieren und nicht offen zur Gewalt aufrufen, schließen religiös legitimierte Gewalt nicht grundsätzlich aus, sondern haben nur unterschiedliche Auffassungen darüber, unter welchen Voraussetzungen Gewalt angewendet werden darf. »Das erklärt auch, weshalb der Übergang vom Salafismus zum Dschihadismus so fließend ist«, so der Verfassungsschutz.[15] Um es kurz zu sagen: Nicht jeder Salafist verübt Anschläge, aber fast jeder islamistisch motivierte Anschlag kann auf Täter zurückgeführt werden, die aus dem salafistischen Spektrum stammen oder zumindest einen Bezug zum Salafismus haben.[b]

---

b Vgl. die Aussage des ehemaligen Verfassungsschutz-Präsidenten Heinz Fromm (2011): »Nicht jeder Salafist ist ein Terrorist; aber jeder uns bekannte Terrorist war irgendwann einmal in salafistischen Zusammenhängen unterwegs.«, siehe u. a. »Verfassungsschutz: Koran-Verteilung ist Propaganda«, *Die Welt* vom 13. April 2012; https://www.welt.de/politik/deutschland/article106179527/Verfassungsschutz-Koran-Verteilung-ist-Propaganda.html

Die rund 28 000 Islamisten[16], die im Visier des Verfassungsschutzes stehen, die legalistischen ebenso wie die Salafisten, sind eine sehr kleine Gruppe unter den Muslimen. Aber das bedeutet nicht, dass sie wenig Einfluss haben. Denn über sie hinaus gibt es zahlreiche Gläubige, die ebenfalls mit deren Gedanken sympathisieren und sich eine Gesellschaft wünschen, die auf der Scharia basiert. Diese so geprägten Gläubigen sind der »Pool, aus dem Islamisten fischen«, wie Ahmad Mansour es nennt. Und sie stehen einer umfassenden Demokratie und manchen Menschenrechten sehr kritisch gegenüber, wenn diese islamischen Überzeugungen widersprechen.

Eine solche Haltung findet sich auch in manchen Moscheegemeinden und Gruppen, die zum Teil nicht nur die religiöse Erbauung ihrer Gläubigen fördern, sondern auch einen Gegenentwurf zur westlichen Gesellschaft propagieren – beispielsweise indem sie Frauen vermitteln, dass sie allein mit Kopftuch als wahrhaft muslimisch und ehrenhaft gelten, oder in ihren Veranstaltungen eine strenge Geschlechtertrennung praktizieren.

Zur großen Mehrheit in Deutschland gehören die »stillen Muslime«, die gut integriert sind und unsere Werte und das politische System nicht verändern wollen, weil sie es zutiefst bejahen und mit dem Leben hierzulande zufrieden sind. Dies sollte niemand vergessen, auch wenn ich in diesem Buch vor allem über den kleinen, aber »lauten« Teil der Muslime spreche, die zum Spektrum des »Politischen Islam« gehören!

Umgang mit Kritik am Koran

Eine Zeit in meinem Leben hat sich in meine Erinnerung besonders eingebrannt: Als ich acht Jahre alt war, brachte mich mein Vater in die Wüste im Norden des Sudans zu einem Scheich. Dort wurde mir und etwa zehn anderen gleichaltrigen Jungen über zwei Jahre hinweg der gesamte Koran eingetrichtert. Ich sollte ein *hafiz* werden, einer, der jedes Wort des heiligen Buches auswendig kann. Dadurch erhielt ich in der Familie Respekt und einen gewissen Status – und bei Allah zählte dies als gute Tat, wurde mir vermittelt.

Den Koran behandelte ich voller Ehrfurcht und berührte ihn nur nach einer rituellen Waschung. Grund dafür war nicht nur das Wissen, dass ich nun das Buch in den Händen hielt, dessen Urfassung bei Allah ist und an Muhammad offenbart wurde, sondern ich lernte auch, dass von dem Text direkter Segen und Fluch ausgeht. Wenn man den Koran auf den Boden legt, dann ist das nicht nur eine Missachtung, sondern eine Sünde, für die man von Gott verflucht werden kann – so heißt es im abergläubischen Denken des Volksislam. Deshalb legten wir das Buch immer an einen erhöhten Platz im Raum. Manche Koranverse haben eine besondere Segenskraft, glaubten wir. In der Koranschule mussten wir diese Verse auf Tafeln schreiben. Anschließend wurden die Tafeln mit Wasser abgewaschen und das Putzwasser aufgefangen. Dieses »Tafelwasser« verkaufte der Scheich dann als eine Art Medizin.

Wenn wir in der Koranschule beim Vorlesen einen Fehler machten, sauste eine Peitsche aus Kamelleder auf unsere Köpfe und Rücken nieder. Dieser Schmerz lehrte uns schnell, den Korantext fehlerfrei vorzutragen.

Auch wegen seiner sprachlichen Schönheit galt der sogenannte Edle Koran für uns als göttliches Wunder. Wird er laut rezitiert, sind der Rhythmus der Sätze und seine Reime klar und eindrucksvoll zu hören.

Inhaltlich haben wir uns in der Koranschule nicht mit dem Text auseinandergesetzt. Es war uns nicht erlaubt, das Gelesene und Gelernte zu hinterfragen. Wenn wir etwas nicht verstanden, erklärte unser Lehrer uns dies als Geheimnis Gottes. Er sagte uns immer wieder, dass der Mensch sich nicht anmaßen kann, alles zu verstehen, und dass nur Gott allwissend ist. Der Respekt vor dem Buch Gottes, den der Koranschullehrer uns vermittelte, und der Glaube an seine unmittelbaren Folgen – Segen oder Fluch – sorgten dafür, dass der Koran für mich eine ungeheure Autorität war.

Auch wenn nicht alle Muslime eine solch magische Vorstellung vom Koran haben, ist er doch für die große Mehrheit direktes Wort Gottes und daher eine unantastbare Autorität. Nicht nur die Gedanken, die im Koran zu finden sind, kommen direkt von Gott, sondern jedes Wort und jeder Buchstabe.

Dieses Verständnis der islamischen Heiligen Schrift sorgt dafür, dass es für die Mehrheit der Muslime ein Tabu ist, Koranversen ihre ewige Gültigkeit abzusprechen. Einer, der es wagte, dies zu tun, war der sudanesische Mystiker Mahmoud Muhammad Taha.

Ich war dabei, als er am 18. Januar 1985 im Kober-Gefängnis in Khartum wegen seiner Ansichten gehängt wurde. Mehrere Tausend Menschen waren bei seiner Hinrichtung im Gefängnishof. Kaum 13 Jahre alt, ließ ich mich von der euphorischen Stimmung der Menge mitreißen, die mehr einem Volksfest als einer Hinrichtung glich. Grund für Tahas Hinrichtung war sein Buch »Die Zweite Botschaft«. In ihm hatte er geschrieben, dass nur die Koransuren, die in Mekka geoffenbart wurden (620–622 n. Chr.), zeitlos gültig sind. Aus seiner Sicht war Muhammad in der Anfangszeit des Islams als Prophet tätig und verkündete in dieser Rolle ethische Prinzipien, die überall und immer verbindlich sind. Dagegen habe Muhammad in seiner späteren Zeit in Medina (622–632 n. Chr.) nicht nur als Prophet, sondern auch als Staatsmann gehandelt. Alle Verse, die in dieser Zeit geoffenbart wurden und zum Beispiel zu Gewalt aufrufen oder Andersgläubige abwerten, müssten in ihrem historischen Kontext verstanden werden und seien heute nicht mehr gültig, so Taha.

Dieser Schritt, auch nur einen Teil der Offenbarung Gottes als zeitgebunden zu interpretieren, machte Taha in unseren Augen zum Ungläubigen – und auch die Tatsache, dass er es wagte, Muhammads Vorbildfunktion für die heutigen Gläubigen zumindest in einigen Bereichen anzuzweifeln. Wir freuten uns, als er vor aller Augen starb. »Das passiert mit jedem, der den Koran oder das Leben Muhammads infrage stellt«, sagte mein Vater zu mir und zeigte auf den Galgen.

Heute finde ich es erschreckend, wie verblendet ich damals war und wie ich den Tod eines Menschen gefeiert habe, der für mich heute ein Held ist. Ich hätte mir gewünscht, dass wir auf die Ansichten Tahas gehört hätten. Das hätte uns Sudanesen und der ganzen islamischen Welt gutgetan.

Die meisten Muslime haben ein völlig anderes Verhältnis zum Koran als Christen zur Bibel. Dies liegt auch daran, dass Muslime und Christen ein unterschiedliches Offenbarungsverständnis haben.

Die Geburt Jesu am »Heiligen Abend« ist für Christen eine ganz besondere Nacht. Himmel und Erde berührten sich, als Gott in der Gestalt eines kleinen Babys sichtbar auf die Welt kam und die Engel den Hirten diese frohe Nachricht brachten. An Weihnachten ist Gott Mensch geworden, glauben

Christen. Wenn Christen wissen wollen, wie Gott sich den Menschen offenbart hat, schauen sie in der Bibel, was Jesus predigte und wie er sich verhielt.

Eine »Heilige Nacht« gibt es auch im Islam. Die Lailat al-Qadr, die »Nacht der Allmacht«, heißt die Nacht im Fastenmonat Ramadan, in der der Koran erstmals offenbart wurde. Durch den Koran lässt Allah die Menschen wissen, was er von ihnen will. Diese beiden unterschiedlichen »Heiligen Nächte« erklären, warum wir eigentlich nicht Jesus mit Muhammad und den Koran mit der Bibel vergleichen sollten, sondern konsequenterweise die beiden Offenbarungen miteinander – also den Koran mit Jesus.

Was Jesus sagte und wie er sich verhielt, ist für Christen der Maßstab, wie sie die Bibel verstehen. Weil Jesus die Ehebrecherin nicht verurteilte, sondern sagte: »Wer unter euch ohne Sünde ist, der werfe den ersten Stein« (Johannes 8,7), ist damit für Christen die Vorschrift des Alten Testamentes, Ehebrecher zu töten, überboten (vgl. 5. Mose 22,22).

Dies hilft, sich innerhalb der Bibel kritisch mit Texten auseinanderzusetzen, die Jesu Leben und seiner Botschaft widersprechen.

Eine solche innerkoranische Auseinandersetzung mit der Schrift kennt die traditionelle islamische Theologie nicht – eben auch weil sie ein anderes Offenbarungsverständnis hat und es deshalb viel schwieriger ist, Texten ihre ewige Gültigkeit abzusprechen.

Nach gängiger islamischer Überzeugung stammt der Koran direkt von Gott, Muhammad war nur der Übermittler der Botschaft, hatte aber keinen Einfluss auf sie. Er war wie ein Sprachrohr Gottes. Wird der Koran aber als das ewige und ewig gültige Wort Gottes verstanden, stehen viele muslimische Theologen in einem Konflikt, wenn sie die unantastbare

Offenbarung Gottes historisch-kritischen[c] Methoden unterziehen und manche Verse als zeitgebunden betrachten sollen. Das ist das Dilemma bis heute und erklärt, weshalb es Reformtheologen oft sehr schwer haben.

Dennoch arbeitet eine kleine Minderheit von islamischen Theologen historisch-kritisch: So hat der tunesische Islamwissenschaftler Abdelmajid Charfi (geboren 1942) in fünf Bänden eine historisch-kritische Koranausgabe[17] vorgelegt. Auch Mouhanad Khorchide von der Universität Münster setzt sich zum Beispiel für eine historisch-kritische Lesart des Korans »im Licht der Barmherzigkeit« ein.[18]

Wir sollten jede Initiative unterstützen, die sich um eine historisch einordnende Koranauslegung bemüht. Es ist eine Chance, wenn Muslime im Westen beispielsweise durch die Arbeit an universitären Zentren für Islamische Theologie die Freiheit haben, zu forschen – fern vom Druck einer Regierung oder konservativen Islaminstitutionen.

Aber ich glaube, dass ein theologischer Durchbruch nur möglich wird, wenn auch die traditionellen renommierten islamischen Institutionen wie die weltweit führende Autorität des sunnitischen Islams, die Al-Azhar-Universität in Kairo, oder Theologen in Mekka und Qom den Mut haben, manche problematischen Koranverse, beispielsweise zum Thema Gewalt, historisch einzuordnen, damit sich heute niemand mehr auf solche Aussagen berufen kann.

---

c Die historisch-kritische Methode wurde im 18./19. Jahrhundert entwickelt und ist vor allem aus der christlichen Theologie bekannt. Sie will den Text in seinen historischen Zusammenhang einordnen und versucht, die Entstehungsgeschichte des Textes zu rekonstruieren.

Al-Azhar-Universität in Kairo
Sie gilt heute als deutungsmächtigste Lehreinrichtung für geschätzt 85–90 Prozent der sunnitischen Muslime und damit 1,8 Milliarden Menschen weltweit und wird vom ägyptischen Staat bezahlt. Mit einer über 1000 Jahre alten Geschichte ist die Al-Azhar eine der ältesten und renommiertesten wissenschaftlichen Einrichtungen der sunnitischen Gelehrsamkeit, und ihre Rechtsgutachten (Fatwas) erhalten große Beachtung. Auch wenn der Islam keine hierarchischen Strukturen kennt, ist der Großimam der Al-Azhar, Ahmed al-Tayeb, eine der höchsten Autoritäten der sunnitischen Muslime. Er wird auf Lebenszeit persönlich vom ägyptischen Präsidenten ernannt, was eine enge Loyalität gegenüber dem ägyptischen Staat bedingt. Sein verfassungsmäßiger Rang entspricht dem eines Premierministers und er prägt in Ägypten maßgeblich die Politik mit.

Bezeichnend war Ende Januar 2020 eine internationale Konferenz zur »Erneuerung des islamischen Denkens«, die die Al-Azhar-Universität ausrichtete. Dort schlug Mohamed al-Khosht, der Präsident der Universität Kairo – und damit immerhin der zweitgrößten afrikanischen Universität, nach der Al-Azhar-Universität –, vor, eine neue Schule islamischen Denkens zu entwickeln. Diese sollte sich vom islamischen Erbe und der traditionellen Lehre loslösen. Religiöses Denken wie die Auslegung von Texten und islamische Rechtsprechung seien Gedanken von Menschen, die Religion in ihrer Zeit verstanden und interpretiert hätten. Diese traditionelle

Lehre sollte im Laufe der Zeit verändert werden, um auf die jetzigen sozialen und kulturellen Gegebenheiten antworten zu können, forderte al-Khosht.

Der Präsident der Universität Kairo erhielt für seinen Vortrag keinen Applaus. Stattdessen entgegnete der Großscheich der Azhar, Ahmed Al-Tayeb, zornig, dass al-Khoshts Worte das muslimische Erbe verhöhnen und die Religion schwächen würden.[19]

Ich finde es bedenklich, wenn man das Hinterfragen der eigenen Heiligen Schrift und Tradition scheut, aus Angst, seinen Glauben zu verlieren. Wenn religiöse Autoritäten den Menschen nicht die Freiheit geben, selbst zu denken, dann machen diese das in einer globalisierten und digitalisierten Welt selbst.

Das ist es, was ich als Junge in der Koranschule bitter vermisst habe: Es muss möglich sein, Fragen zu stellen und seine Zweifel ausdrücken zu dürfen, ohne sofort als ungläubig zu gelten. Zweifel zu äußern ist ein Zeichen von Glaubensstärke und einem hohen Maß an Reflexion.

Neben dem Koran ist das Leben Muhammads die zweite Quelle, an der Muslime ihr Leben ausrichten. »Ihr habt ja im Gesandten Allahs ein schönes Vorbild«, heißt es in Sure 33,21. Deshalb spielen die Überlieferungen von dem, was Muhammad gesagt oder getan haben soll, in vielen Fällen im Alltag sogar eine wichtigere Rolle als der Koran. Diese Überlieferungen heißen auf Arabisch Hadithe.

Hadithe
Es gibt zahlreiche Hadith-Sammlungen, sechs davon gelten als kanonisch. Sie werden als nachahmenswerte und zu befolgende Norm, als Sunna, verstanden und bilden gemeinsam mit dem Koran die beiden islamischen Rechtsquellen. Auf Koran und Sunna basiert die Scharia.

In den Hadithen steht beispielsweise, wie und wie oft am Tag der islamische Prophet betete. Davon leitet sich das fünfmalige Pflichtgebet für Muslime ab. Oder wie hoch ihre jährliche Spende sein soll, erfahren Muslime nicht aus dem Koran, sondern aus den Hadithen. Ebenso, wie genau sie zu fasten haben. Die islamische Theologie teilt die Hadithe in drei Gruppen auf: Unter der al-sunna al-qawliyya versteht man, was Muhammad direkt gesagt hat und seine Anhänger hörten. Die zweite Gruppe ist die al-sunna al-fi'liyya, alles, was er in seinem Leben getan hat und vorbildlich ist, beispielsweise dass er die rechte Hand beim Essen benutzt hat. Die dritte Gruppe ist al-sunna al-taqririyya: Alles Verhalten, das Muhammad beobachtet und stillschweigend toleriert hat, gilt auch als von ihm abgesegnetes und gutes Verhalten.

Das Problem der Hadithe ist ihre Entstehungsgeschichte: Die mündlichen Überlieferungen wurden erst zwei bis drei Jahrhunderte nach Muhammads Tod niedergeschrieben. Da es so viele Überlieferungen gibt, überlassen die meisten Muslime die Interpretation der Hadithe islamischen Rechtsgelehrten beziehungsweise Rechtsschulen, denen sie dann folgen und deren Meinung sie übernehmen.

Im Koran steht, dass Muhammad sich nicht irrte und nicht aus eigener Neigung sprach, sondern aus der inspirierten Eingebung Gottes. »Wer dem Gesandten gehorcht, der gehorcht Allah«, heißt es in Sure 4,80. Daraus folgern Muslime, dass nicht nur der Koran direkt von Gott kommt, sondern auch alles, was Muhammad gesagt und getan hat. Daher haben sie beidem – dem Koran und dem Vorbild des Propheten – zu gehorchen.

Die Scharia

Das Wort »Scharia« heißt wortwörtlich der »Weg«, um nach dem Willen Gottes zu leben. Diesen »Weg«, leiten Muslime aus Sunna und Koran ab. Die Scharia ist also kein ausformuliertes Gesetzbuch, sondern eine Sammlung von Normen und Vorschriften aus mehreren Jahrhunderten, die von Gelehrten interpretiert wird, um konkrete Regelungen für ein gottgefälliges Leben zu finden.

Fragen des modernen Lebens, die Koran und Sunna nicht beantworten können, wie beispielsweise: Dürfen muslimische Profifußballer im Ramadan ihr Fasten brechen?,[20] versuchen muslimische Theologen und Juristen in Anlehnung an die in Koran und Sunna behandelten Themen zu lösen (Analogieschluss arab. qiyas) oder durch einen Konsens der Gelehrten (arab. ijma).

Diese vier Mittel: Koran, Sunna, Analogieschluss und Konsens werden angewandt, um rechtliche Fragen zu lösen, und sollen helfen, dem göttlichen Willen möglichst nahe zu kommen.

Einige schariatische Regelungen, beispielsweise wie jemand zu beten hat, sind nicht als problematisch anzusehen. Anders ist es, wenn die Interpretation der Scharia im Konflikt mit den allgemein anerkannten Menschenrechten steht. Beispielsweise bedeutet das Schariarecht im Bereich des Ehe- und Familienrechts eine rechtliche Benachteiligung von Frauen vor Gericht, im Unterhalts- und Sorgerecht und Erbrecht.

Drastische Strafen im Schariastrafrecht wie die Amputation von Gliedmaßen bei Diebstahl, sogenannte Hadd-Strafen, werden nur in wenigen islamischen Ländern angewendet, wie beispielsweise Iran und Saudi-Arabien.

Ich denke, dass das traditionelle islamische Recht mit seinen Regelungen den »Weg« (Scharia) auf der Suche nach einem gottgefälligen Leben unnötig steinig gemacht hat.

Könnte ein Weg, gottgefällig zu leben, nicht sein, Gottes Barmherzigkeit zu betonen, und sich sozial zu engagieren, statt alle Lebensbereiche in haram und halal, in Verbotenes und Erlaubtes aufzuteilen?

Umgang mit Kritik an Muhammad und Blasphemie

»Wir müssen reden, bevor es zu spät ist« – ein tragischer Titel, wenn man an die Ermordung des französischen Lehrers Samuel Paty denkt. Er wollte reden – und zwar mit seinen Schülern über Meinungsfreiheit. Paty zeigte dazu Muhammad-Karikaturen des Satiremagazins *Charlie Hebdo.* Dies reichte für islamistische Extremisten aus, ihn auf brutale Art und Weise zu töten.

Auch der Mannheimer Attentäter hielt es für seine religiöse Pflicht, den Islamkritiker Michael Stürzenberger umzubringen.[21] Aber warum ist es so heikel, Muhammad-Karikaturen zu zeigen, beziehungsweise den islamischen Propheten zu kritisieren und warum bringt es manche Menschen sogar dazu, zu morden? Warum kamen im Nordkaukasus zur Beerdigung des Mörders von Paty mehrere Hundert Trauergäste, um seine Tat zu feiern und ihm die letzte Ehre zu erweisen?

Dazu hilft ein Blick in die islamische Geschichte.

Muhammad ist nicht irgendein Mensch für Muslime. Er ist derjenige, der Gottes Wort verkündet. Er ist *der* Prophet Allahs, wie es im islamischen Glaubensbekenntnis heißt: »Es gibt keinen Gott außer Allah und Muhammad ist sein Prophet.« Im Koran ist an zahlreichen Stellen von »Allah und seinem Gesandten« die Rede, zum Beispiel in Sure 4,136 und Sure 3,32. Weil Muhammad in den Heiligen Schriften des Islams so eng mit Gott verbunden wird, und er auch in zahlreichen Fällen zusammen mit Allah erwähnt wird, macht ihn das für viele Muslime zu einer quasi übermenschlichen Figur.

Nach vorherrschender islamischer Meinung darf der islamische Prophet nicht bildlich dargestellt werden. Viele Muslime empfinden es als verletzend, wenn das Gesicht ihres

Propheten abgebildet wird oder er auf irgendeine Weise angegriffen wird.

Im Koran gibt es Verse, die es verurteilen, wenn Muhammad beleidigt wird. In Sure 9,65 und 66 heißt es: »Wenn du, Muhammad, sie fragst, so sagen sie bestimmt: ›Wir haben nur dahergeredet und uns lustig gemacht.‹ Sprich: ›Habt ihr euch etwa lustig gemacht über Gott und seine Zeichen und seinen Gesandten? Entschuldigt euch nicht! Ungläubig wurdet ihr, nachdem ihr gläubig wart!‹«[22]

Es gibt dem Vers zufolge keinen Unterschied zwischen einer Beleidigung Gottes und einer Verspottung »seines Gesandten«. Wenn jemand Muhammad lästert, ist es deshalb für die meisten Muslime so, als ob er Gott persönlich lästert und die Folge ist dieselbe: Man wird ungläubig und eine nachträgliche Entschuldigung kommt zu spät.

Im Koran wird allerdings keine Strafe für Blasphemie genannt. Die Idee, dass jemand, der Gott oder einen Mann Gottes beleidigt, bereits auf der Erde und nicht erst nach dem Tod beim Jüngsten Gericht bestraft werden muss, hat seine Grundlage in der nachkoranischen Überlieferung.

In der ältesten erhaltenen Biografie (Sira) über Muhammad, die etwa 150 Jahre nach Muhammads Tod von Ibn Ishaq verfasst wurde,[d] gibt es beispielsweise einen Bericht über die Jüdin Asma bint Marwan, eine fünffache Mutter, die ein Schmähgedicht über Muhammad und seine Anhängerschaft schrieb und zum Angriff gegen sie aufstachelte.

---

d Die Prophetenbiografie von Ibn Ishaq (um 704–767) ist eine der wichtigsten Quellen für die frühe Geschichte des Islams und heute nur noch in der überarbeiteten Version von Ibn Hischam (gest. 834) verfügbar. Laut Mouhanad Khorchide ist die ganze Sira-Literatur nicht unproblematisch, und man darf sie nicht als historische Fakten betrachten, da sie erst viele Jahre nach Muhammads Tod entstanden ist. Gregor Schoeler, der bedeutende Erforscher der Prophetenbiografie, spricht davon, dass die Biografie Muhammads als Auftragswerk des abbasidischen Hofes geschrieben wurde. Sie verrät uns viel mehr über das achte und neunte Jahrhundert als über Muhammad im siebten Jahrhundert. Vgl. Mouhanad Khorchide/Walter Homolka, »Umdenken! Wie Islam und Judentum unsere Gesellschaft besser machen«, Herder Verlag, 2021, S. 36.

Asma bint Marwan soll daraufhin im Jahr 624 n. Chr. im Schlaf von einem Mann aus dem Stamm ihres Ehemannes getötet worden sein. Als der Mörder Muhammad fragte, ob er wegen dieser Tat etwas zu befürchten hätte, soll der islamische Prophet ihn laut einem Hadith mit der Aussage beruhigt haben, dass wegen dieser Frau keine zwei Ziegen aufeinander losgehen würden – es sich also um eine Bagatelle handele.

In diesen und anderen Berichten wird laut Sira erzählt, dass Menschen getötet wurden, weil sie Muhammad beleidigten und seine Autorität infrage stellten. In der islamischen Geschichtsschreibung gibt es kein Beispiel, in dem ein Mensch, der eine Beleidung Muhammads rächte und deshalb jemanden umbrachte, wegen dieser Tat vom islamischen Propheten bestraft oder ermahnt wurde.

Problematisch aus heutiger Sicht ist, dass solche Fälle nicht vor ein Gericht kamen, sondern Selbstjustiz geduldet oder ausdrücklich erlaubt wurde. In einigen Fällen wie beispielsweise bei einem der heftigsten Gegner Muhammads, an-Nadr ibn al-Harith, oder dem Dichter und Stammesoberhaupt Ka'b ibn Ashraf ordnete Muhammad laut der Überlieferung selbst die Tötung eines Kritikers an.[e] Solche Erzählungen nehmen auch heute noch islamistische Extremisten als Legitimation, um Muhammad-Karikaturisten für vogelfrei zu erklären.

e Einige Theologen erkennen die Problematik, die von diesen Berichten ausgeht, und wollen sie entschärfen. So geht Hakan Turan, der am Seminar Stuttgart Gymnasialreferendare für Islamische Religionslehre ausbildet, davon aus, dass Berichte über getötete Schmähdichter zu großen Teilen nicht auf den Propheten zurückgehen, sondern erst in der späteren Überlieferungsgeschichte entstanden sind. Hakan Turan: Die militärischen Konflikte des Propheten mit den Juden von Medina, in: Yasar Sarikaya, Mark Chalil Bodenstein & Erdal Toprakyaran (Hg.): »Muhammad. Ein Prophet – viele Facetten«, Berlin 2014, S. 195–230.

Doch nicht nur Islamisten, sondern fast alle traditionell-islamisch gebildeten Muslime sehen eine Beleidigung des Propheten als Blasphemie an, die entsprechend bestraft werden müsse. Sie sind sich nur uneins, auf welche Art. Viele sagen, nur Allah dürfe Menschen bestrafen, die den Propheten beleidigen – ein radikaler, kleinerer Teil dagegen meint, ein wahrer Gläubiger müsse den Propheten selbst rächen.[23]

Eine Minderheit von islamischen Gelehrten spricht sich deutlich gegen eine Bestrafung bei Blasphemie aus. Wie beispielsweise Mouhanad Khorchide oder Abdullah Saeed, Professor für Arabistik und Islamwissenschaft an der Universität Melbourne. Gott und der Prophet seien darüber erhaben, beleidigt zu werden, argumentieren sie.

In der islamischen Welt gibt es häufig weitreichende Blasphemiegesetze, weil Staaten es als ihre Pflicht sehen, die Beleidigung des Islams oder des Propheten per Gesetz zu verbieten und unter Strafe zu stellen, um den vermeintlichen Geboten Gottes nachzukommen. So gehört die Blasphemie-Gesetzgebung des pakistanischen Strafrechts zu den strengsten weltweit. Paragraf 295 c des pakistanischen Strafgesetzbuches sieht vor, die Verunglimpfung des islamischen Propheten Muhammad mit dem Tode zu bestrafen. Die Beleidigung religiöser Überzeugungen sowie die Entweihung des Korans stehen unter lebenslanger Freiheitsstrafe. Der Fall der pakistanischen Christin Asia Bibi, die wegen Gotteslästerung zum Tode verurteilt wurde und nun in Kanada lebt, zeigt, welche Konsequenzen eine solche Gesetzgebung haben kann. Länder mit derartigen Blasphemiegesetzen[f] stehen in der Gefahr, dass diese völlig willkürlich ausgelegt werden.

f Auch Deutschland hat einen »Blasphemieparagrafen«, 166 StGB, der aber nur sehr zurückhaltend angewandt wird.

Und nicht nur das: Als Reaktion auf die Ermordung Patys forderte der Scheich der al-Azhar die internationale Gemeinschaft auf, Gesetze zu verabschieden, die es verbieten, Karikaturen zu zeigen und die Feindseligkeit gegenüber Muslimen unter Strafe zu stellen – so als sei Paty selbst schuld an seinem Tod gewesen.

In der westlichen Welt scheint dagegen alles erlaubt zu sein – eine Tatsache, mit der vor allem Muslime, die aus einem Land mit Blasphemiegesetzen kommen, zum Teil ernsthafte Schwierigkeiten haben.

Auch ich finde die Karikaturen von *Charlie Hebdo* geschmacklos und kann verstehen, dass sie Menschen in ihren religiösen Gefühlen verletzen. Ich hätte auf sie verzichten können. Für ein friedliches Zusammenleben braucht es meiner Meinung nach einen sensiblen Umgang mit den religiösen Gefühlen anderer. Es braucht – wie der katholische Theologe Klaus von Stosch es nennt – eine »Kultur der Empathie«. Nicht alles muss um jeden Preis gesagt oder gezeichnet werden – auch wenn es unser Gesetz zulässt. Aber trotzdem muss man damit umgehen lernen, dass in einer offenen, liberalen Gesellschaft jeder seine Meinung kundtun darf – auch wenn es die eigenen religiösen Gefühle verletzt. Niemand darf deshalb Gewalt anwenden.

An der Frage, wie man zu Muhammad und zur Kritik an seiner Person steht, scheiden sich die Geister. Und deshalb wird man auch genau hier merken, wer wahre Toleranz lebt, und wer das Grundrecht der Meinungsfreiheit nicht achtet. Ich habe schon oft erlebt, dass sogar Muslime, die nicht regelmäßig beten und gerne mal ein Bier trinken, höchst emotional werden, wenn Muhammad kritisiert wird. Und auch Menschen, von denen ich davon ausgegangen bin, dass sie rationales Denken und das Hinterfragen von Glaubensüberzeugungen gewohnt sind, können oftmals eine Kritik an ihrem Propheten nicht ertragen. Das zeigt, wie emotional tief verankert die Verbundenheit zu Muhammad und vor allem das Tabu der Kritik an seiner Person ist.

Wenn Menschen Gott durch gute Taten gefallen wollen, ist das löblich. Aber wenn jemand denkt, er begeht gute Taten, indem er sich als Stellvertreter Gottes auf Erden (Sure 2,30) dafür verantwortlich sieht, Menschen zu bestrafen, die den Islam verließen oder Allah oder Muhammad beleidigt haben, finde ich das sehr problematisch. Für mich stellt sich auch die Frage: Muss man Gott tatsächlich vor Angriffen schützen, so als ob er schwach wäre?

Für mich weisen solche Reaktionen letztlich darauf hin, dass jemand keinen gefestigten Glauben hat. Oder wie Hamed Abdel Samad sagt: »Ein Gläubiger geht davon aus, dass Gott ihn beschützt, ein Fundamentalist davon, dass er Gott beschützen muss.«[24]

Als Christ spielt Jesus eine zentrale Rolle in meinem Leben. Ja, ich würde sogar sagen, er ist mein Leben. Aber gleichzeitig hängt seine Bedeutung für mich nicht davon ab, wie andere Leute ihn sehen oder ob sie ihn respektieren. Mein Bild von Jesus Christus wird nicht erschüttert, wenn sich jemand über ihn lustig macht.

Wenn in einem Film Jesus als Liebhaber von Maria Magdalena gezeigt wird, dann ist das nicht mein Jesus und ich finde das geschmacklos. Ja, es schmerzt mich, wenn jemand wie im Film »Das Leben des Brian« Jesu Tod am Kreuz ins Lächerliche zieht – von Martin Kippenbergers Skulptur »Zuerst die Füße«, die einen grünen Frosch an einem Kreuz darstellt, ganz zu schweigen. Aber das wird niemals ein Grund für mich sein, die Kunstfreiheit dieses Künstlers einschränken zu wollen oder ihn gar mit dem Tod zu bedrohen. Aber man stelle sich nur vor, ein Regisseur würde einen satirischen Film über Muhammad machen. Was würde geschehen? Wir ahnen es alle: Der Regisseur bräuchte vermutlich Polizeischutz. Dabei ist Muhammad aus religionswissenschaftlicher Perspektive gesehen ein Religionsstifter wie jeder andere.

Islamkritik oder Islamophobie?

Hinter dem Streit um Muhammad-Karikaturen steckt aber noch mehr. Es geht nicht nur um den Propheten und die Karikaturen, sondern um die Muslime selbst, die diese als einen Angriff auf ihre muslimische Identität sehen. Sie nehmen die Zeichnungen als fehlenden Respekt vor ihrer Religion und damit vor ihnen selbst wahr. Ein weiterer kultureller Aspekt spielt mit hinein: In einer stark schamorientierten Kultur, in der die Ehre eine wichtige Rolle spielt und in der ein stark kollektivistisches Denken vorherrscht, wird eine solche Beleidigung auch als eine Verletzung der Ehre des Islams gesehen. Muslime, die so geprägt sind, fühlen sich verantwortlich, die Ehre des Islams zu verteidigen, sei es durch Proteste und Demonstrationen, Blasphemiegesetze oder – im schlimmsten Falle – auch durch Anwendung von Gewalt.

In westlichen Ländern, in denen es keine Blasphemiegesetze gibt bzw. Blasphemie anders oder gar nicht (mehr) verstanden wird, versuchen Islamisten häufig, durch Vorwürfe der Islamophobie beziehungsweise des »Antimuslimischen Rassismus« Ähnliches zu erreichen – dass Kritik am Islam oder am Propheten unterbunden wird.

Wenige Tage nach dem Anschlag auf Samuel Paty sagte der türkische Präsident Recep Tayyip Erdoğan in einer im Fernsehen ausgestrahlten Rede: »Die wachsende Islamophobie im Westen hat sich zu einem Großangriff auf unser Buch, unseren Propheten und alles, was uns heilig ist, entwickelt.«[25]

Seinen Worten zufolge hat die Islamophobie in Europa ein Niveau erreicht, das mit der Behandlung von Juden vor dem Zweiten Weltkrieg vergleichbar ist. »Die Muslime erleben heute eine ähnliche Lynchkampagne, wie sie gegen Juden in Europa zur Zeit vor dem Zweiten Weltkrieg geführt wurde«, so Erdoğan. Eine empörende Aussage, weil sie die Ermordung von sechs Millionen Juden banalisiert! Außerdem ist sie nicht wahr: Es gibt keine gesellschaftliche Lynchkampagne gegen Muslime, weder in Frankreich noch in einem anderen europäischen Land.

Wir müssen es thematisieren, wenn Muslime diskriminiert werden oder sogar Gewalt erfahren. Dass es laut dem »ODIHR Hate Crime Report« im Jahr 2023 in Deutschland 95 registrierte antimuslimische Hassverbrechen gab, darunter 35 gewalttätige Angriffe auf Muslime, verurteile ich scharf.[26]

Aber den Begriff »Islamophobie« verwenden Islamisten oft auch, um legitime Islamkritik abzuwehren. Außerdem habe ich etwas gegen den Begriff, weil er Ängste als krankhaft und völlig unbegründet hinstellt.

Legitime Kritik am Islam als Religion beziehungsweise am Islam als politisches System darf nicht mit einer aggressiven Stigmatisierung von Personen islamischen Glaubens verwechselt werden.

Doch ich möchte an dieser Stelle auch deutlich sagen, dass es wichtig ist, dass jeder, der Kritik am Islam äußert, sich selbst prüft, was er mit einer solchen Kritik bezwecken will:

Will ich nur Öl ins Feuer gießen, oder spreche ich etwas auf eine gute Art und Weise an, weil mir Menschenrechte und ein gutes Miteinander wichtig sind? Mein Appell an Kritiker eines politischen Islams ist, dass sie immer wertschätzend und sachlich differenziert bleiben. Verletzende Kritik schlägt Türen zu, von Wertschätzung getragene Kritik kann zum Nachdenken anregen und etwas zum Positiven verändern.

Als nach dem Anschlag auf Samuel Paty auch in mehreren Schulen Deutschlands Gedenkminuten für den ermordeten Lehrer abgehalten wurden, twitterte der Psychologe und Extremismusexperte Ahmad Mansour: »Lieber 100 Minuten mit Schülern *reden,* statt eine Minute mit Schülern *schweigen.*«[27] Recht hat er! Wir müssen über Meinungsfreiheit und ihre Grenzen reden, bevor es zu spät ist. Lehrkräfte dürfen sich jetzt erst recht nicht bei Auseinandersetzungen mit ihren Schülern zurücknehmen.

Wer sich von Extremisten einschüchtern lässt, beraubt sich selbst der Meinungsfreiheit und Toleranz, die im Zuge der Aufklärung mühsam errungen wurde. Wir dürfen nicht hinter diese Errungenschaften zurückgehen, indem wir unsere Köpfe in den Sand stecken und uns aus falscher Rücksicht in unserer Meinungsäußerung zurücknehmen. Das sage ich als einer, der die Meinungs- und Religionsfreiheit in Deutschland besonders genießt, weil sie mir in meiner Heimat verwehrt wurde.

4.

Radikalisierung und Gewalt

Es war ein historisches Ereignis: Die Rückverwandlung der Hagia Sophia vom Museum zur Moschee. Nach 86 Jahren als Museum fand am 24. Juli 2020 zum ersten Mal wieder ein Freitagsgebet in der Hagia Sophia in Istanbul statt. Zu diesem Anlass trat das Oberhaupt der türkischen Religionsbehörde Diyanet, Imam Ali Erbaş, mit einem Schwert in der Hand auf die Kanzel der Moschee, die christlichen Mosaike in der Kuppel waren verhängt. Das Schwert soll ein Zeichen der muslimischen Eroberung Istanbuls durch den osmanischen Sultan Mehmed II. im Jahr 1453 sein. Bis 1453 war die zwischen 532 und 537 erbaute »Sophienkirche« die Hauptkirche des Byzantinischen Reiches.

Der Imam präsentierte auf der Kanzel ein Schwert. Und keiner der Gläubigen schien sich daran zu stören. Natürlich geht kein Imam, der in einer deutschen Moschee das Freitagsgebet verrichtet, dort mit einem Schwert hin. Aber doch ist dieser Vorgang in der Hagia Sophia bezeichnend. Meine These ist: Dass sich dort niemand an dem Schwert und der Glorifizierung der Eroberung gestört hat, liegt daran, dass das Symbol des Schwertes für einen Muslim etwas Vertrautes ist, ein positiv besetztes Symbol der Stärke und nicht etwas, das er prinzipiell kritisch sieht.

Muhammad war nicht nur Prophet, sondern auch Feldherr. In Sure 3,123 erfahren die Leser, dass er seine Macht auf der arabischen Halbinsel durch kriegerische Auseinandersetzungen ausbaute, wie der Schlacht bei Badr (624 n. Chr.) gegen den herrschenden Stamm der Quraisch in Mekka. Zudem gibt es im Koran Verse, die zum Kampf auffordern, wie beispielsweise der sogenannte Schwertvers in Sure 9,5. Dieser ruft zur Tötung von Menschen auf, die keine Muslime geworden sind. Ein weiterer Vers, in Sure 9,29, ruft zum Kampf gegen Juden und Christen auf, bis sie die muslimische Herrschaft anerkennen.

Klassische mittelalterliche Islamgelehrte leiteten aus diesen Versen sogar eine bedingungslose Pflicht zum Kampf gegen Nichtmuslime ab und wendeten das sogenannte Abrogationsprinzip an, nach dem diese beiden später offenbarten Kampfverse alle anderen früher offenbarten Friedensverse aufheben.[g]

Heute gibt es viele Versuche vonseiten der islamischen Theologen, solche Kampfverse zu relativieren. Aber Extremisten berufen sich auf sie. Für sie sind diese Verse auch heute noch universal gültig. Oder wie Mouhanad Khorchide es in einem Interview auf den Punkt bringt: »Von den 6236 Versen des Korans sprechen nur sehr wenige über Gewalt und Krieg. Die Aussagen über den barmherzigen Gott stehen im Verhältnis 18:1 zu den Aussagen über den strafenden Gott. Das ist auch den meisten Muslimen klar, die Gewalt im Namen Gottes ablehnen. Ich gebe allerdings zu: Mit den kriegerischen Passagen lässt sich Gewalt legitimieren, wenn man die Texte nicht im historischen Kontext versteht.«[28]

g Der Tübinger Professor für islamische Theologie, Omar Hamdan, zeigt, dass nach klassischem Verständnis diese beiden Verse sogar eine Vielzahl von Friedensversen aufheben. Die »Abrogation« genannte Aufhebung der Friedensverse habe zu einem Übergewicht der beiden Schwertverse über die 124 anderen Verse in 52 Suren geführt, die zu den Friedensversen gehörten. So in Omar Hamdan: »Zur Gewaltdebatte in der klassischen und modernen Koranexegese«. In: Ina Wunn/Beate Schneider: »Das Gewaltpotenzial der Religionen«, Stuttgart 2015, S. 57ff.

Es ist längst an der Zeit, dass die islamische Theologie einen Weg findet, mit diesen Versen umzugehen. Meiner Meinung nach ist der einzig gangbare Weg, dass sie sich darauf einigt, dass diese Verse für die heutige Zeit nicht mehr gültig sind – und zwar unter keinen Umständen. Es sollten also nicht die friedlichen Verse abrogiert werden, wie es in der islamischen Tradition geschehen ist, sondern gerade andersherum: Die beiden Verse, die zum Kampf gegen Andersgläubige aufrufen, dürfen nicht mehr gelten.

Doch vor diesem Schritt scheut sich die große Mehrheit der Islamgelehrten an den traditionellen Institutionen wie der al-Azhar bis heute. Keiner von ihnen würde – so meine Einschätzung – den bewaffneten Dschihad an sich infrage stellen, sondern nur darüber diskutieren, wann, wie und in welcher Situation dieser ausgeführt werden soll. Aber solange sich islamische Theologen nicht von den Gewaltversen komplett distanzieren, können sich Extremisten als die »wahren Muslime« präsentieren. Sie berufen sich bei ihren Taten auf den Koran und stellen sich als die dar, die nur ausführen, was Gott von ihnen will.

Heilige Schriften: Wenn Gewaltverse als ewig gültig gelten

Dass wir religiöse Ursachen und Motive, Gewalt auszuüben, ernst nehmen müssen, belegt auch eine Studie des Wissenschaftszentrums Berlin für Sozialforschung (WZB) unter Leitung von Ruud Koopmans.[29] In ihr wurden 8000 Christen, Muslimen und Juden in sieben Ländern[h] die Frage gestellt, ob sie tödliche Gewalt gegen Glaubensfeinde für gerechtfertigt halten oder nicht.

h Deutschland, USA, Zypern, Libanon, Israel, palästinensische Gebiete und Kenia

Eine Hälfte der Studienteilnehmer wurde direkt gefragt, die andere Hälfte bekam zuerst ein Zitat aus der Bibel bzw. Thora (5. Mose 17,2–5) oder dem Koran (Sure 5,33) vorgelegt, in dem Gewalt gegen vermeintliche Glaubensfeinde gutgeheißen wird.

Die Ergebnisse zeigen, dass der Verweis auf Gewalt legitimierende Schriftstellen in allen drei Religionen und in allen sieben Ländern die Unterstützung für tödliche Gewalt steigert. Allerdings war dieser Effekt unter Juden und Christen schwächer ausgeprägt als unter Muslimen. Über alle sieben Länder gerechnet, unterstützten 9 Prozent der christlichen Gläubigen Gewalt ohne und 12 Prozent mit vorherigem Bibelzitat. Unter jüdischen Gläubigen waren es 3 ohne und 7 Prozent mit Thorazitat. Unter Muslimen befürworteten 29 Prozent Gewalt gegen Glaubensfeinde ohne und 47 Prozent mit vorangehendem Koranzitat.

Deutschland lag in puncto Gewalttoleranz erheblich niedriger als die anderen Länder der Studie. Hier lag unter Christen die Gewaltunterstützung bei 2 ohne und 3 Prozent mit Bibelzitat; unter Muslimen bei 5 ohne und 16 Prozent mit Koranzitat.

Woran liegt dieser deutlich höhere Prozentsatz der Gewaltbereitschaft bei Muslimen, wenn sie mit einem Koranvers konfrontiert werden? Ruud Koopmans erklärt dies so, dass es in jeder Religion Fundamentalisten gibt, also Menschen, die verneinen, dass göttliche Botschaften in einer bestimmten Situation und Zeit entstanden sind und dies bei der Auslegung berücksichtigt werden muss. Diese Menschen seien empfänglicher für Versuche, Gewalt durch den Hinweis auf religiöse Schriftquellen zu legitimieren.

Meine persönliche Radikalisierung

Als Jugendlicher verübte ich zusammen mit Freunden einen Anschlag auf einen christlichen Klassenkameraden. Wir gingen damals davon aus, dass wir den Mitschüler getötet hatten. Erst vor wenigen Jahren erfuhr ich, dass er – Gott sei Dank – doch überlebt hatte. Wie kam es dazu, dass ich zu einer solchen Gewalttat fähig war?

Erstens hat die Koranschule eine sehr große Rolle gespielt, in der ich als Junge zwei Jahre verbrachte. In ihr pflanzte eine religiöse Autorität tief in mein Inneres Glaubensüberzeugungen hinein. Die göttlichen Verse des Koran zu hinterfragen war nicht erlaubt: Verse, die zur Gewalt aufrufen, hatte ich unkommentiert zu rezitieren und so setzten sich diese in meinem Kopf fest. Ich glaube nicht, dass der Scheich der Koranschule damals genau analysierte, was er mit uns Jungen machte. Er war als Kind durch denselben Prozess der Indoktrination gegangen wie wir und dadurch eigentlich auch ein Opfer. Bei meinem Vater war es ähnlich – er schickte mich in die Wüste, weil auch er damals als Junge dort abgeliefert worden war und er nur das Beste für mich wollte. Diese Prägung wird wie in einer Kette von Generation zu Generation weitergegeben und es ist schwierig, solche Traditionen zu durchbrechen.

In einer westlichen Schule prägen Lehrer zwar auch ihre Schüler, aber dies geschieht interaktiv und im Dialog. Außerdem entscheiden die Schüler viel mehr selbst, was oder wie viel sie aufnehmen. Aber dort in der Wüste, fernab von meinen Eltern, wurde ich indoktriniert. Unter Schlägen hatte ich Koranverse auswendig zu lernen – ein traumatisches Erlebnis. Zugleich lernte ich durch die Peitschenhiebe, dass Gewalt nichts Negatives, sondern anscheinend ein legitimes Mittel ist, ein Ziel zu erreichen.

Koranschulen in der sudanesischen Wüste lassen sich nur schwer mit den Koranschulen in Deutschlands Moscheen vergleichen. Gewalt und Schläge für Kinder gibt es hierzulande meines Wissens nicht. Aber Kinder und Jugendliche in deutschen Koranschulen lesen und lernen oftmals dieselben Texte wie wir damals in der sudanesischen Wüste. Und die Koranschullehrer oder Imame besitzen eine sehr hohe Autorität und unterrichten teils auch sehr autoritär – oft ohne auf die Fragen der Kinder einzugehen.

Wenn Kinder Koranverse lernen oder ihnen aus dem Leben des Propheten erzählt wird, sollten ihre Koranlehrer ihnen erklären, was diese Inhalte für das heutige Zusammenleben bedeuten, statt diese nur auswendig lernen zu lassen. Es ist erfreulich, dass die Curricula für islamischen Religionsunterricht in Deutschland genau eine solche Einordnung und Erläuterung der Verse vorsehen. Denn gibt es dazu keine Reflexion, kann dasselbe wie bei mir passieren: Die Verse und Überlieferungen sind wie auf einer Computerfestplatte ohne Zusammenhang oder Einordnung gespeichert und können dann jederzeit unhinterfragt abgerufen werden.

Zu meiner Radikalisierung trug damals auch die Prägung durch die Familie bei. Oft hörte ich von meinem Großvater Geschichten von den Heldentaten der Vorväter, die in der Zeit, als der Sudan unter Kolonialherrschaft stand, gegen die »ungläubigen« Engländer gekämpft hatten. Oder ich bekam mit, wie mein Vater es guthieß, dass unter der Regierung des Präsidenten Dschafar an-Numairi (1971–1985) die islamischen Mystiker, die Sufis, verfolgt und die Gräber ihrer Gelehrten verwüstet wurden. Sie glaubten aus Sicht meiner Familie nicht richtig und waren für uns ebenso wie die Schiiten keine wahren Muslime. Solche Narrative setzten sich in mir fest. Auch ich wollte Teil dieser »ruhmvollen« Familiengeschichte werden. Drittens prägte mich mein gesamtes soziales Umfeld in meinen radikalen Ansichten: Die afghanischen Mudschahidin begeisterten mich, die in unsere Moscheen kamen und erzählten, wie ihnen Allah geholfen hatte, die sowjetischen Truppen in Afghanistan zu besiegen. Und in der Schule merkte ich, dass meine Lehrer es wohlwollend billigten, wenn ich andere Mitschüler zum Mittagsgebet in die benachbarte Moschee schleifte.

Bei der Universität in Khartum gab es eine ganze Straße, an deren Seiten rechts und links Bilder von »Märtyrern« hingen, die im Südsudan oder in den Nuba-Bergen gestorben waren. Ärzte, Lehrer und andere Intellektuelle wurden rekrutiert, um als Dschihad-Kämpfer in der Volksfront zu kämpfen. Die Volksfront bestand aus Menschen aus der Gesellschaft, die militärisch nicht ausgebildet waren, aber im Kampf als Freiwillige das sudanesische Militär unterstützten. Manche Studenten, die ich kannte, zogen während ihrer Semesterferien in den Dschihad und kamen nicht mehr zurück. Statt einer Beerdigung wurde ein hochzeitsähnliches Fest gefeiert, um ihren Märtyrertod zu feiern, doch ein Blick in die Augen der Mütter der Verstorbenen zeigte mir, dass ihre Herzen gebrochen waren und auch eine solche Freudenfeier sie nicht über den viel zu frühen Tod ihrer Söhne hinwegtrösten konnte. Zu guter Letzt war es mein tiefer Wunsch, mit meinem Leben dem Vorbild Muhammads – so wie ich es vermittelt bekam – nachzueifern. Das führte zum Beispiel dazu, dass ich, obwohl ich bis dahin noch keinem einzigen Juden begegnet war, einen großen Hass gegen Juden verspürte, weil sie meinen Propheten zurückgewiesen hatten, wie ich aus der Koranschule erfahren hatte. Ähnlich war es mit meiner Einstellung gegenüber Christen.

Die Saat zur Gewalt wird aus meiner Sicht bereits da gesät, wo Menschen beginnen, andere in Menschen erster und zweiter Klasse einzuteilen, oder wenn sie darüber urteilen, wer ein Recht auf Leben hat und wer nicht. Bevor ich meinem christlichen Klassenkameraden nach dem Leben trachtete, hatte ich ihn bereits mehrfach täglich in meinem Herzen und meinen Gedanken getötet. Ich mied ihn und hatte keinen Kontakt zu ihm, weil ich glaubte, dass er als christlicher Südsudanese den Unglauben in den Nordsudan bringt. Die Gewaltverse aus dem Koran und negative Vorurteile über Christen waren in mir verankert und abrufbar.

Egal, welche abwertenden Aussagen ich machte, ob ich Christen oder Juden den Tod wünschte, niemand widersprach mir. Es gab kein Korrektiv, das meine Einstellungen kritisierte. Auch in der Schule hinterfragte niemand meine Ansichten. So ging ich davon aus, dass mein Umfeld auch einen Anschlag auf meinen Mitschüler billigen würde und ich keine großen Konsequenzen zu befürchten hätte. Ich war mir sicher, dass mein Vater und andere Menschen, die mir wichtig waren, sogar stolz auf mich wären.

Maßgeblich für den Anschlag war mein inneres Verlangen, Gott zu dienen und ihm mit guten Taten zu gefallen. Erst im Nachhinein kann ich das so klar analysieren. Damals waren meine Gedanken und die relativ spontan geplante Tat etwas Intuitives. So wie man unterbewusst atmet, ohne darüber nachzudenken, war ein Gewaltpotenzial in mir, das jederzeit aktiviert werden konnte.

Angesichts von Attentaten wie das auf Samuel Paty spricht der Pariser Sozialwissenschaftler Gilles Kepel von einer neuen Art des Terrors, von einem Dschihadismus, der aus einer Atmosphäre entsteht, in der Einzelpersonen aus einer Stimmung heraus handeln, ohne dass eine Organisation hinter ihnen steht. Ich glaube, ich war damals ebenso ein »Atmosphäre-Dschihadist«.

Doch selbst solche Dschihadisten sind keine Einzeltäter im engeren Sinne. Auch Prediger oder Vorbilder aus dem Internet, vielleicht auch Imame aus der Moschee, die sie besuchen oder ihr salafistischer Freundeskreis, der sie beeinflusst, tragen zumindest eine moralische Mitverantwortung.

Wollen wir solchen Taten Einhalt gebieten, ist es wichtig, diese »Mittäter« zu entlarven und ihrer Indoktrination andere Narrative entgegenzusetzen. Dazu hilft es, Korantexte in ihren geschichtlichen Zusammenhang einzuordnen und sich mit ihnen aktiv auseinanderzusetzen – und Verse, die zur Gewalt aufrufen, deutlich zu brandmarken. Wichtig ist auch, herauszuarbeiten, welche Seiten Muhammads für Muslime heutzutage noch vorbildlich sein können und welche im damaligen historischen und kulturellen Kontext gesehen werden müssen.

Das können nur islamische Theologen und Imame leisten: Sie können theologisch dagegenhalten, wenn Jugendliche kommen und Gelehrte wie Ibn Taymiyya (1263–1328), den mittelalterlichen Inspirator des modernen Islamismus, zitieren. Diese jungen Menschen brauchen Begründungen, warum es nicht Gottes Wille ist, dass sie in den Dschihad ziehen oder auf Andersgläubige herabschauen. Und sie brauchen Gelehrte, zu denen sie aufschauen können, die ihnen Orientierung geben, wie sie heute mit Aussagen aus dem Koran umgehen können, die zum Kampf gegenüber Ungläubigen aufrufen. Islamische Theologen sollten deswegen auskunftsfähig sein in folgenden Fragen: Welche Anknüpfungspunkte gibt es in der islamischen Theologie, die für ein friedliches Zusammenleben hilfreich sind? Wie können Muslime heute mit Aufrufen zum Kampf im Koran umgehen?

Korrektive, egal ob Lehrer, Mitschüler, Imame oder andere Menschen, die kritisch nachhaken und überzeugende Gegenargumente kennen, können Gewalt verhindern. Im Großen und im Kleinen, beispielsweise, wenn sich ein Schüler abfällig über Andersgläubige äußert.

Nichts ist aber wichtiger als direkte Begegnung mit Andersgläubigen: Beispielsweise, wenn Koranschüler einer Moschee Kinder im Kommunionsunterricht besuchen, ein Pfarrer einen Imam in den Konfirmandenunterricht einlädt oder der Moscheevorstand sich mit dem Kirchengemeinderat des Ortes trifft. Meiner Meinung nach fangen wir zu spät an, uns mit Radikalisierung zu beschäftigen: Erst wenn der Laden brennt und es Probleme gibt, werden Begegnungs- und Dialogprojekte initiiert. Besser ist es, sich in guten Zeiten kennenzulernen, damit es gar nicht erst so weit kommt. Prävention statt Reaktion.

Junge Menschen dabei zu unterstützen, selbstständig zu denken und Dinge zu hinterfragen, ist wichtig. Und da ist es nicht zuträglich, wenn der Imam als eine Autorität gilt und ihm niemand widersprechen darf. Oder wenn den Jugendlichen vermittelt wird, dass es gar keinen Bedarf gibt zu fragen, da alles in der Religion perfekt und göttlich ist und wir Menschen Gottes weises Handeln letztlich sowieso nicht verstehen können. Wer einen absoluten Gehorsam in Glaubensdingen verinnerlicht hat, kann auch anfällig für Hasspredigten sein. Positiv dagegen ist es, wenn sich jemand Gedanken macht und Fragen stellt. Auch wenn die Fragen kritisch sind.

»Der Attentäter befand sich in einer psychischen Ausnahmesituation«

Welche Rolle spielt die Religion, wenn sich Menschen radikalisieren? Sollte man den Islamismus mit seinem politischen Machtanspruch überhaupt noch als Religion bezeichnen? Für den französischen Politikwissenschaftler und Islamismusexperten Oliver Roy ist der Islamismus eine politische Ideologie, die nicht mehr viel mit der ursprünglichen Religion des Islams gemeinsam hat.

Andere, zu denen ich auch mich zähle, betonen, dass der Islamismus oder, wie ich lieber sage, der Islam als politisches System sehr wohl innerislamisch verortet werden kann und der islamistische Terror somit eine Folge der Radikalisierung des Islams ist. So sieht es auch der französische Sozialwissenschaftler und Kenner des politischen Islams, Gilles Kepel.

Ist diese Diskussion unter Islamexperten nicht nur Wortklauberei? Nein, denn sie hat konkrete Folgen für den Umgang mit radikalisierten Menschen. Brauchen reumütige IS-Rückkehrer vor allem Sozialarbeiter und Psychologen, die ihnen helfen, wieder in der Gesellschaft Fuß zu fassen, oder auch islamische Theologen und Seelsorger, mit deren Hilfe sie sich kritisch mit ihrem dschihadistischen Weltbild auseinandersetzen können?

Der französische Publizist und Extremismusexperte Hakim El Karoui hat die Lebensläufe von 1460 Dschihadisten aus Europa unter die Lupe genommen, die zwischen 2010 und 2019 nach Syrien zogen, um dort für den IS zu kämpfen, oder die Attentate in ihrer europäischen Heimat planten. »Einer der großen Fehler war, einfach nicht sehen zu wollen, dass der Dschihadismus ein religiöses Problem ist«, mahnt El Karoui in einem Zeitungsartikel.[30] Gerade in Deutschland tue man sich mit dieser Erkenntnis schwer und verdränge »die religiöse Dimension des Phänomens«.

Zur Radikalisierung von Menschen tragen noch weitere Faktoren bei: Diskriminierung, jugendliches Aufbegehren und pubertäre Identitätssuche, persönliche Lebenskrisen und Konflikte sowie gruppendynamische Prozesse. Aber auch die religiöse Dimension gehört bei Allahu-Akbar-Rufern immer dazu – sei ihr Glaube noch so extremistisch oder bruchstückhaft. Sie kann sogar die Hauptmotivation sein für Menschen, die Andersgläubige abwerten und die Gewalt ausüben, wie der Fall des Syrers Abdullah al-H. eindrücklich zeigt: Dieser hatte im Oktober 2020 einem schwulen Paar, das Händchen haltend in Dresden unterwegs war, zwei Messer in den Rücken gerammt. Einer der Männer starb, der andere überlebte schwer verletzt und traumatisiert. Ein Gutachter, der den 21-jährigen Täter mehrere Stunden befragte, berichtete vor Gericht, dieser habe nach eigenen Angaben den Koranvers Sure 2,190 als Legitimation genannt, um »Ungläubige« zu töten. Dort heißt es: »Kämpft auf dem Weg Gottes gegen die, die euch bekämpfen! Doch begeht dabei keine Übertretungen (indem ihr den Kampf auf unrechtmäßige Weise führt)!«[31]

Am Tattag habe er diesen Vers gelesen, die Messer eingepackt und sei dann zum Abendgebet in eine Moschee gegangen. Anschließend sei er mit der Straßenbahn ins Stadtzentrum gefahren und dort »auf der Suche nach Ungläubigen« umhergestreift. Zunächst habe er zwei Männer und eine Frau als Opfer auserkoren, aber sich dann an den Koranvers erinnert und daran, dass man Frauen und alte Menschen nicht angreifen dürfe. Dann habe er das homosexuelle Paar gesehen, noch einmal überlegt, ob sein Vorhaben richtig sei, und schließlich die Messer gezückt und angegriffen. Laut der Bundesanwaltschaft habe Abdullah al-H. seine Opfer als Repräsentanten einer als »ungläubig« verhassten Gesellschaft gesehen und ihre Homosexualität als schwere Sünde empfunden, für die er die beiden mit dem Tode bestrafen wollte. Seine Tat bereut er nicht: Sie sei kein Fehler gewesen, wird der Dschihadist vom Gutachter zitiert. Auch künftig wolle er wieder »Ungläubige« töten.

Neben seinen islamistischen Ansichten gibt es auch bei diesem jungen Syrer wahrscheinlich weitere Faktoren, die dazu beitrugen, dass er die Tat beging, wie beispielsweise, dass er psychische Probleme hatte. Außerdem war er als drittes von neun Geschwistern einer armen Familie aufgewachsen und empfand es als ungerecht, dass es den Leuten in Deutschland so gut ging, erzählte er dem Gerichtsgutachter.

Doch stellen wir uns vor, man wollte an seiner Deradikalisierung arbeiten und ginge dabei nur die psychischen Probleme und sein empfundenes Gefühl von Ungerechtigkeit an. In diesem Fall ist es offensichtlich, dass es zur Deradikalisierung auch eine Auseinandersetzung mit der islamistischen Begründung und Legitimierung von Gewalt braucht.

Immer wieder gibt es bei Anschlägen Hinweise darauf, dass Religion eine wichtige Rolle gespielt hat. Wie zum Beispiel, dass ein Attentäter sich dem »Islamischen Staat« angeschlossen hat, sich im Internet dschihadistische Propagandavideos anschaute oder eine vom Verfassungsschutz beobachtete Moschee besuchte. Auch der Attentäter, der in der Nacht des 9. April 2023 in der Duisburger Altstadt einen Mann mit 28 Messerstichen getötet und neun Tage später in einem Fitnessstudio vier weitere Männer mit derselben Absicht angegriffen hat, sagte vor Gericht aus, er folge den Lehren des »Islamischen Staats«, für den nur die Gesetze des Islams zählten. Damit seien alle Menschen, auch Muslime, die sich hier an die Gesetze hielten »Ungläubige«. Er habe so viele »Ungläubige« wie möglich aus Rache für die Verbrechen der westlichen Staaten töten wollen.[32]

Doch statt sich intensiv mit den Motiven und Ideologien solcher Attentäter auseinanderzusetzen und der Rolle, die die Religion spielte, wird diese auffallend schnell heruntergespielt. Woran liegt das?

Entweder ist man so ignorant, dass man die Fakten nicht sieht – was ich nicht glaube. Oder man hat bereits aufgegeben, etwas gegen diese Entwicklung zu unternehmen – was dramatisch wäre.

Vielleicht liegt es auch daran, dass in einer Gesellschaft, in der viele Menschen ein gebrochenes Verhältnis zum Glauben haben, nicht mehr nachvollzogen werden kann, dass Menschen bereit sind, für ihren Glauben ihr Leben zu opfern, und diese Erklärung für eine Tat deshalb schnell unter den Tisch fällt. Ein anderer Grund könnte sein, dass politisch Verantwortliche ein Interesse daran haben, dass diese Fakten nicht zu sehr in das öffentliche Bewusstsein vordringen, entweder aus Angst vor weiteren gesellschaftlichen Konflikten oder wegen der Befürchtung, dass man dadurch dem Image der Muslime oder des Islams schaden könnte oder sie selbst als »islamophob« oder »rassistisch« gelten könnten. Allerdings wäre das ein Argument, dem ich widersprechen würde: Denn ich bin überzeugt, dass das Image der Muslime wesentlich mehr beschädigt wird, wenn wir über diese Gewalttaten nicht reden, statt diese aufzuarbeiten. Wenn diese nicht thematisiert werden, wächst der Argwohn gegenüber dem Islam und seinen Vertretern noch mehr und der Eindruck kann entstehen, dass Probleme vertuscht werden.

Richter, Psychologen, Sozialarbeiter und Politiker sollten genau hinschauen. Denn die Mischung aus psychischer Störung und religiösem Wahn oder Fanatismus hat leider schon viel zu oft zu Opfern geführt. Vielleicht hätte die ein oder andere Tat durch eine konsequente Abschiebung, religiöse Deradikalisierung oder ein härteres Strafmaß für Straftaten im Vorfeld verhindert werden können.

»Das hat doch nichts mit dem Islam zu tun«

Fast immer, wenn es einen islamistischen Terroranschlag gab, beobachte ich zwei Reaktionen: Die einen setzen Islam mit Terror gleich, die anderen beteuern, dass Terrorismus keine Religion kennt. Beides ist falsch. Islam ist nicht gleich Terror. Aber muslimische Terroristen legitimieren ihre Taten mit dem Islam. Und damit hat der Anschlag auch etwas mit allen Anhängern dieser Religion zu tun.

Es ist verständlich, dass diejenigen Muslime in westlichen Ländern, die die Gewalttaten zutiefst verabscheuen, sich nicht ständig rechtfertigen möchten, wenn es wieder irgendwo einen Anschlag gab und sie sich zu Unrecht verdächtigt sehen. Die überwältigende Mehrheit der Muslime lebt friedlich unter uns!

Aber das Zusammenleben wird eher gestärkt, wenn mein muslimischer Nachbar anerkennt, dass es Probleme mit seiner Religion gibt, und dass Menschen mit dem Koran ihre Gewalt legitimieren, als wenn er sagt, dass das, was der IS oder die Taliban gemacht haben, nichts mit dem Islam zu tun hat. Distanzieren allein hilft nicht. Ein gesundes Maß an Selbstkritik macht Muslime glaubwürdiger und kann Vertrauen schaffen.

Von Verbänden, die den Anspruch haben, für »die Muslime« zu sprechen, erwarte ich mehr als die üblichen Statements, die sich von einer Gewalttat distanzieren und sie verurteilen. Sie sollten erklären, warum Anschläge theologisch gesehen nichts mit dem Islam zu tun haben, und argumentieren, warum der Attentäter aus ihrer theologischen Sicht heraus falsch und nicht islamgemäß gehandelt hat.

Wenn der Zentralrat der Muslime in Deutschland den Messeranschlag in Solingen im August 2024 als »feindlichen und menschenverachtenden Akt gegen unsere freie Gesellschaft« verurteilt, ist das wichtig, aber es reicht aus meiner Sicht eben nicht, wenn ein Verband bei einem mutmaßlich islamistisch motivierten Anschlag nur schreibt, dass »Hass, Hetze, Extremismus und Radikalismus jeglicher Couleur in Deutschland keinen Platz haben dürfen«.[33]

So forderte der islamische Theologe Mouhanad Khorchide nach dem Anschlag von Solingen im August 2024 ein stärkeres Engagement der muslimischen Gemeinschaft gegen Islamismus. »Einfach zu sagen, das alles hat nichts mit dem Islam zu tun und deshalb müssen wir Muslime uns mit dem Thema gar nicht befassen, das wäre nicht nur naiv, sondern unverantwortlich.« Denn die Täter berufen sich auf bestimmte Auslegungen des Korans und hier brauche es dringend alternative Auslegungen. Man müsse sich die Frage stellen, was man aktiv tun könne, um junge Menschen auch in den sozialen Medien zu erreichen.[34]

»Gewalt gibt es in allen Religionen« – eine Anmerkung zu den Kreuzzügen

Wenn über islamistische Attentate oder die Terrorgruppe »Islamischer Staat« diskutiert wird, fällt meist folgender Satz: »Gewalt gibt es in allen Religionen.« Christen sollten aufhören, solche Taten zu kritisieren, da auch in der Geschichte des Christentums Gewalt ausgeübt wurde. Dann wird von manchen Muslimen, aber auch christlichen Theologen und Historikern, ebenso wie Religionskritikern auf die Kreuzzüge verwiesen. Auch Negativbeispiele wie Hexenverfolgung, Sklaverei oder konfessionelle Kriege wie der Dreißigjährige Krieg werden genannt, um die Gewalt im Namen des Christentums zu belegen.

Meist antworte ich auf dieses Argument mit dem englischen Sprichwort: »Two wrongs don't make a right« – also: »Zweimal Unrecht ergibt niemals Recht.« Jedes Unrecht ist abscheulich, und kein Unrecht relativiert ein anderes.

Um das Beispiel der Kreuzzüge aufzugreifen: Die Einnahme Jerusalems 1099 und das damit verbundene Massaker an der muslimischen Bevölkerung »im Namen Jesu« waren ein abgrundtiefes Unrecht – ebenso wie die Übergriffe auf jüdische Einwohner europäischer Städte, die schreckliche Begleiterscheinungen der Kreuzzüge waren.

Ohne teils überbordende Gewalt und Übergriffe auf Zivilisten relativieren zu wollen, sollte aber die islamische Welt ebenso wie die westliche aufhören, die Kreuzzüge bis heute zu instrumentalisieren.

Als Kind dachte ich, die Kreuzzüge seien erst wenige Jahre zuvor passiert, so präsent waren sie in der sudanesischen Gesellschaft, als ob bis heute die westliche Welt nur aus Kreuzfahrern bestünde. Dabei haben die Kreuzzüge im muslimischen kollektiven Gedächtnis jahrhundertelang keine Rolle gespielt. Die Muslime des Vorderen Orients zeigten laut dem britischen Historiker Thomas Asbridge während der gesamten spätmittelalterlichen Periode sowie der beginnenden Neuzeit kaum Interesse an den Kreuzzügen.[35] Auch deuteten die Muslime die Ereignisse zunächst nicht religiös, sondern als Krieg gegen die Franken. Erst um 1865 wurde in Übersetzungen französischer Geschichtswerke durch arabisch sprechende syrische Christen erstmals der Begriff *al-hurub al-salibiyya* (die »Kreuz-Kriege«) verwendet. Danach stieg das Interesse der muslimischen Welt an den Kreuzzügen langsam an. Nach Asbridge begann sich die islamische Welt erst mit der Gründung des Staates Israel im Jahr 1948 intensiv mit den Kreuzzügen zu beschäftigen.

Seither stellen die unterschiedlichsten islamischen Gruppen und Einzelpersonen Vergleiche zwischen den mittelalterlichen Kreuzzügen und der modernen Welt an, Politiker ebenso wie Terroristen. Gemeinsam ist allen das Narrativ, dass sie den Westen als einbrechende Kolonialmacht sehen, die sich – genau wie vor 900 Jahren – wegen Verbrechen gegen die Muslime schuldig macht. Neu kommt zu diesem Narrativ die Überzeugung hinzu, dass nicht nur die »imperialistischen Kreuzfahrer«, sondern auch die Juden das Heilige Land in Besitz nehmen wollen. Beide werden in der sogenannten Kreuzfahrer-Zionisten-Allianz zusammengefasst.[36] Eine solche Sicht, die in Europa und Amerika bis heute Kreuzfahrer sieht, ist gefährlich, weil sie zur Radikalisierung von Muslimen führen kann. Manche Muslime fühlen sich auch noch heute als Opfer der Kreuzzüge. Bewusst greifen Dschihadisten dies auf und reden in ihren Ansprachen und Predigten von Kreuzfahrern, wenn sie Amerika, den Westen oder Christen allgemein meinen – ein Mittel, um ihre islamistischen Anschläge als Reaktion auf diese Kreuzzüge und damit als Dschihad im Sinne eines Verteidigungskrieges zu legitimieren.

Doch auch von westlicher Seite werden die Kreuzzüge leider ab und zu instrumentalisiert: So sprach der ehemalige amerikanische Präsident George W. Bush nach dem Terroranschlag am 11. September 2001 von einem »Kreuzzug gegen das Böse«. Mit dieser Ausdrucksweise hat er islamistischen Fundamentalisten einen großen Dienst erwiesen, die sich in ihrer Sicht bestätigt fühlten, dass die islamische Welt von Kreuzfahrern bedroht ist und es sich bei dem Afghanistankrieg um einen Krieg gegen den Islam handelte.

Häufig heißt es in Geschichtsbüchern, dass die Kreuzzüge mit der berühmt-berüchtigten »Gott will es«-Rede Papst Urbans II. auf der Synode von Clermont (1095) begannen. Allerdings gibt es zu den Kreuzzügen eine Vorgeschichte, über die man reden sollte.

Vom Islam ging im siebten Jahrhundert ohne vorausgehende Provokationen eine Invasions- und Angriffswelle aus, die auch zur Eroberung Jerusalems 637 führte. Später kam die Zerstörung der Jerusalemer Grabeskirche und vieler anderer Kirchen durch den fatimidischen Kalifen Abu Ali al-Mansur al Hakim (996–1021) hinzu. Auch wenn diese Angriffe zum Zeitpunkt des ersten Kreuzzuges bereits abgeflaut waren, haben Christen sie sicherlich als schmerzlich empfunden.

Direkt am Vorabend der Kreuzzüge bat der byzantinische Kaiser Alexios I. die Fürsten im Abendland und den Papst, ihn im Kampf gegen die türkischen Seldschuken zu unterstützen. Somit geschah der erste Kreuzzug neben den Machtambitionen des Papstes wahrscheinlich auch aus der Motivation heraus, militärische Nothilfe zu leisten.

Immer noch diskutieren Forscher, ob die Kreuzzüge nun Angriffs- oder Verteidigungskriege waren. Wahrscheinlich stimmt es, dass die Wahrheit in der Mitte liegt und, wie Asbridge sagt, »die Kreuzzüge vonseiten der Christen mindestens zu gleichen Teilen Angriffs- wie Verteidigungskriege waren«.[37] Problem war nicht, dass die westlichen Mächte versuchten, einer expandierenden islamischen Macht militärischen Einhalt zu gebieten, sondern dass ein Vertreter der Kirche, der Papst, diese Konflikte als »Kreuzzüge« religiös überhöhte und diese in ihrer Gewalt ausarteten. Die Kreuzzüge entstanden, weil man Religion mit Politik vermischte, statt sich an Jesu Aussage zu orientieren: »Mein Reich ist nicht von dieser Welt« (Johannes 18,36). Und weil Kreuzfahrern die Vergebung der Sünden und später ein Ablass versprochen wurde, obwohl Vergebung der Sünden aus christlicher Sicht allein durch den Glauben an Jesus möglich ist.

Kreuzzüge sind in Wirklichkeit Kriege gegen das Kreuz, gegen alle Prinzipien, die Christus auf diese Erde gebracht hat. Man findet in den Worten Jesu keine theologische Legitimation, um Gewalt anzuwenden. Ein Christ, der dies tut, widerspricht dem »Liebet eure Feinde« der Bergpredigt Jesu (Matthäus 6,44). Das sieht heute wohl die große Mehrheit aller wichtigen christlichen Theologen so. Die Kreuzzüge wurden in der christlichen Theologie sehr ausführlich aufgearbeitet und ihre oft unverhältnismäßige Gewalt – wenn auch sehr spät – wurde verurteilt.

Ebenso lassen Theologen schwierige Aussagen Jesu wie »Ich bin nicht gekommen, um Frieden zu bringen, sondern das Schwert« (Matthäus 10,34) nicht einfach stehen, sondern ringen mit ihnen. Dieser Vers wird meist als Hinweis Jesu darauf gesehen, dass, wer ihm nachfolgt, sich nicht immer auf ein ruhiges Leben in Frieden einstellen kann, sondern auch wegen seines Glaubens verfolgt werden kann oder sogar den Tod erleidet.

Kreuzzüge gehören nicht zum Kern des Christentums, sondern können sowohl zeitlich als auch regional eingegrenzt werden. Die ersten drei Jahrhunderte, nachdem das Christentum entstanden war, waren friedlich und zeigten sein wahres Wesen. Das lässt sich von den ersten drei Jahrhunderten der frühislamischen Geschichte nicht sagen.

Hauptleidtragende sind die Muslime selbst

Wir müssen über das Verhältnis des Islams zur Gewalt reden – vor allem der Muslime zuliebe. Denn sie sind zahlenmäßig am meisten von der Gewalt islamistischer Extremisten betroffen, weil sie der »falschen« Konfession angehören oder in den Augen ihrer innermuslimischen Feinde keine wahren Gläubigen sind und deshalb bekämpft und getötet werden dürfen.[38]

Menschen, die vom IS geflohen sind, oder die das iranische Regime mit seinem religiösen Zwang erlebt haben, verlassen ihre Religion und kommen in den Westen, weil sie die Gewalt im Namen ihrer Religion satthaben.

Viele von ihnen wenden sich vom Islam ab und anderen Religionen zu, wie ich in meiner Betreuung von ehemaligen Muslimen, die Christen wurden, merke.

Sehr viele von ihnen erzählen mir, dass sie im Christentum das Bild von einem liebenden Gott attraktiv finden und diesen Liebes- und Beziehungsaspekt im Islam, wie sie ihn erlebt haben, vermissen.

Andere verabschieden sich von ihrer Religion und nennen sich Atheisten, aber eigentlich sind die meisten von ihnen eher Agnostiker. Denn auch wenn sie die Auslegung des Islams ablehnen, die sie in ihren Ländern erlebt haben, würden sie Gott nicht seine Existenz absprechen. Sie sehnen sich nach einer neuen pazifistischen Interpretation des Islams, die uneingeschränkt mit den Menschenrechten vereinbar ist und islamistischen Extremisten mit guten Argumenten die Stirn bietet.

5.

Alltagskonflikte, die es gar nicht geben müsste

Viele Menschen, die nach der islamischen Tradition leben, zeigen, dass wir als Gesellschaft friedlich zusammenleben können. Manche der religiösen Konflikte, die es gibt, sind außerdem nicht wesentlich und wer Wert darauf legt, kann Kompromisse finden. Wo es keine Kompromisse gibt, müssen wir zumindest miteinander reden, damit unser Zusammenleben gelingt.

Ramadanfasten

Zu Beginn des islamischen Fastenmonats Ramadan hat sich 2019 der Berufsverband der Kinder- und Jugendärzte (BVKJ) an muslimische Eltern gewandt und vor einem strengen Fasten für ihre Kinder gewarnt: Vor allem der ganztägige Verzicht auf Flüssigkeit sei »ungesund und schädlich«. Dr. Hermann Josef Kahl, damals Bundespressesprecher des Verbandes, berichtete: »Während des Ramadan werden uns immer wieder sehr blasse und unkonzentrierte Kinder vorgestellt. Manche kommen, weil sie zu Hause oder in der Schule kollabiert sind, weil sie starke Kopfschmerzen oder Bauchschmerzen haben.«[39] Diese und andere Fragen des islamischen Lebens beschäftigen Ärzte, Richter und Lehrer in Deutschland. Dabei wäre dies oft gar nicht nötig, wie das Beispiel von fastenden Kindern zeigt.

Der Ramadan gehört zu den »fünf Säulen des Islams« und ist damit für praktizierende Muslime verpflichtend. Nach Meinung aller islamischer Rechtsschulen müssen Kinder aber erst ab der Pubertät fasten. Als Lösung hat sich bewährt, den Eltern den Vorschlag zu machen, dass Grundschulkinder, die an das Fasten gewöhnt werden sollen oder mitfasten wollen, damit am Wochenende beginnen können – oder nachmittags nach dem Unterricht, sodass ihre schulischen Leistungen nicht beeinträchtigt werden.

Manche Islamgelehrte in Ägypten warnen sogar davor, Kinder unter zwölf Jahren durchgängig fasten zu lassen, weil das ihre Gesundheit gefährdet.[40] Auch Deutschlands Imame sollten den Eltern in ihrer Moscheegemeinde mitteilen, dass ein durchgängiges Fasten für Kinder nicht nötig ist. Das würde manchen Druck von den Eltern und Kindern nehmen, die alles »richtig« machen wollen. Im Sudan erlebte ich es früher oft, dass Gelehrte an besonders heißen Tagen ein Rechtsgutachten, eine Fatwa, erließen, dass an diesen Tagen nicht gefastet werden soll, damit nicht die Gesundheit der Menschen gefährdet wird. Menstruierende, schwangere Frauen und stillende Mütter sowie Alte, Kranke und Reisende sind sowieso vom Fasten befreit, ebenso Berufsgruppen, die durch ihr Fasten andere gefährden würden, wie beispielsweise Chirurgen. Bei den islamischen Regelungen zum Ramadan steht immer das Wohl des Menschen über der Fastenpflicht.

Auch Jugendliche müssen wegen des Fastenmonats keine schlechten Klausuren oder vielleicht sogar Abiturprüfungen absolvieren, weil sie müde oder dehydriert sind. Denn das islamische Recht ist flexibler, als vielen Muslimen bekannt ist: Fastentage, die sie versäumen, können sie nachholen.

Im Mai 2017 veröffentlichte die damalige Bezirksbürgermeisterin von Berlin-Neukölln, Franziska Giffey (SPD), zusammen mit der Neuköllner Schulaufsicht eine Empfehlung in zwölf Punkten zu »Ramadan und Schule«. Darin heißt es unter anderem, dass Kinder und Jugendliche etwas zu essen und zu trinken mit in die Schule nehmen sollten, damit sie das Fasten unterbrechen können, wenn gesundheitliche Probleme auftauchen. Ein weiterer Punkt lautet: »Fasten ist wie Beten eine Sache zwischen Menschen und Gott – es geht andere nichts an, ob jemand fastet oder nicht fastet. Es darf niemand herabgewürdigt werden, wenn er oder sie nicht fastet, und genauso darf niemand diskriminiert werden, wenn er oder sie fastet.«[41] Ein sehr wichtiger Punkt, der auch im Schulunterricht thematisiert werden müsste, damit niemand unter Druck gerät.

Bei der Entstehung des Papiers ist eines bezeichnend: Giffey und die Schulaufsicht hatten sich in dieser Frage an 20 Moscheegemeinden gewandt und um Mitarbeit gebeten – nur vier Vertreter von Moscheegemeinden folgten überhaupt der Einladung zur Erarbeitung eines Papiers. Letztendlich unterschrieben haben nur zwei Imame das Papier. Ein Minimalkonsens, so Giffey: »Ich hätte mir mehr Unterstützung von den Moscheegemeinden gewünscht.«[42]

Von den Imamen der Moscheegemeinden sowie den neu etablierten Zentren für Islamische Theologie erwarte ich, dass sie diese flexible Auslegung der Regeln bekannt machen und an die Eltern appellieren, diese Spielräume zu nutzen, um gesellschaftliche Konflikte zu vermeiden – und das Wohl und die Zukunft ihrer Kinder im Blick zu haben.

Dies würde dem Ruf des Islams guttun. Es wäre die beste Werbung für den Islam, wenn sich die Fastenden tatsächlich in diesem besonderen Monat auf Gott besinnen und eine Berliner Polizeiführung es nicht als nötig ansehen muss, ihre

Beamten zu warnen, dass sich bei manchen Muslimen im Ramadan »eine gewisse Gereiztheit« einstellen kann.[43]

Islamisches Ritualgebet und Gebetsräume

Auch das tägliche, fünfmalige rituelle Gebet (salat) gehört zu den religiösen Pflichten für Muslime. Oft wird deshalb an Schulen und Universitäten die Forderung laut, Gebetsräume einzurichten – obwohl in der Praxis sehr viele Muslime das Tagzeitengebet sehr pragmatisch handhaben und diese Regelung eher leger sehen.

Die Gebetszeiten sind so festgelegt, dass die Verrichtung des Gebets relativ flexibel ist, das heißt, das Morgengebet kann beispielsweise von vier Uhr morgens bis zum Mittagsgebet verrichtet werden. Für einen Schüler ist es also möglich, morgens vor der Schule zu beten und das Mittagsgebet in der Mittagspause oder zu Hause zu verrichten. Das Mittags- und Nachmittagsgebet sowie das Abend- und Nachtgebet können zusammengelegt werden, wenn es erforderlich ist. Außerdem ist es erlaubt, nicht verrichtete Gebete nachzuholen.

Die Gebete dauern normalerweise nicht länger als fünf Minuten, und es braucht keinen besonderen Ort dafür, sondern nur einen sauberen Boden, oder einen Gebetsteppich, der für eine saubere Umgebung sorgt. Das einzige Gebet, das man zu einer bestimmten Zeit und in der Gemeinschaft abhalten sollte, ist das Freitagsgebet. Hier ist es für Männer verpflichtend, zum Beten in die Moschee zu gehen. Ansonsten können Schüler oder Studenten an fast jedem Ort beten. Ein muslimischer Gebetsraum ist weder an Schulen noch an Universitäten zwingend notwendig.

Kopftuch bei Kindern

Islamische Rechtsschulen sind sich einig: Ein Mädchen braucht vor der Pubertät kein Kopftuch zu tragen. Wenn sich eine erwachsene Frau aus freien Stücken dafür entscheidet, als Zeichen ihres Glaubens ein Kopftuch zu tragen, ist das eine völlig andere Sache und sollte respektiert werden – auch wenn die islamische Begründung für das Tragen des Hijabs diskutiert und kritisch gesehen werden kann. Denn meist lautet die Begründung für das Verstecken von Haaren oder das Bedecken des Körpers, dass Frauen dies tun sollten, damit die Männer durch ihren Anblick nicht verführt werden. Tragen schon Kinder Kopftücher, bedeutet dies ein Sexualisieren des kindlichen Körpers, wie der Psychologe Ahmad Mansour[44] zu Recht kritisiert, das die freie Entfaltung der Mädchen einschränkt.

In meiner Familie im Sudan war klar: Mädchen ohne Kopftuch sind *'aib* – eine Schande, für sich selbst und ihre Familie. Deshalb fingen auch meine Schwestern schon im Kindesalter an, Kopftuch zu tragen. Es wurde ein Teil ihres Lebens, Wahlfreiheit gab es nicht. »Ohne das Tuch fehlt etwas an dir«, hieß es. »Du bist eine Perle, die geschützt werden muss.« Frauen, die keinen Hijab trugen, wurden von der Familie, aber auch der islamischen Gesellschaft automatisch als unmoralisch verurteilt. Ein unbeschwertes Zusammensein zwischen mir und meinen Schwestern kannte ich nicht, wir spielten nie zusammen. Bei uns herrschte strikte Geschlechtertrennung: Meine Schwestern besuchten eine Mädchenschule, ich ging zur Jungenschule. Wenn wir männliche Gäste zu Besuch hatten, waren meine Schwestern und meine Mutter unsichtbar.

Auch wenn es hierzulande zum Glück nur sehr selten eine solche Geschlechtertrennung gibt: Durch das Tuch auf dem Kopf von Mädchen besteht sie mental doch.

Wenn bereits kleine Mädchen ein Kopftuch tragen, beeinträchtigt das den normalen, unbefangenen Umgang zwischen den Kindern und ist eine Übertreibung der islamischen Vorschriften zulasten der Mädchen. Deshalb bin ich auch für ein Kopftuchverbot für Kinder an Grundschulen.

Die Beispiele des Ramadanfastens in der Schule, die Diskussion um Gebetsräume und um das Kinderkopftuch zeigen, dass das islamische Recht flexibler und pragmatischer ist, als viele annehmen. Auch Muslime wissen oft nicht darüber Bescheid und legen ihre religiösen Pflichten strenger aus als nötig. Die daraus entstehenden Konflikte sind oft ganz unnötig. Es braucht islamische Theologen, die Möglichkeiten und Spielräume ausloten, um Konflikte zu vermeiden, und die auf gesellschaftliche Kompromisse abzielen. Sie können Eltern am besten klarmachen: Kleine Mädchen mit Kopftuch oder fastende Grundschüler – das verlangt der Islam nicht, sondern ist eine Übertreibung der Religion.

Kinderehe: Wenn kulturelle Tradition zum »Dogma« wird

Oft ist es nicht so leicht bei Schwierigkeiten, die es im Zusammenhang mit der Integration gibt, klar herauszufinden, ob diese kultureller oder religiöser Natur sind. Allerdings gibt es für viele kulturelle Traditionen eine religiöse Begründung im Koran – oder im Vorbild Muhammads. Dadurch, dass die kulturellen Traditionen in Hadithen und Koranversen festgeschrieben sind, erhalten sie für viele Gläubige eine überzeitliche Gültigkeit und sind sozusagen zum Dogma geworden. Ein Beispiel ist die Ehe mit Minderjährigen, die für einige Muslime eine überzeitliche Bedeutung durch die Religion erhalten hat. Statt allein den Mann infrage zu stellen, der mit einer Minderjährigen verheiratet ist, sollte man fragen, woher diese Tradition kommt. Natürlich stimmt es, dass diese Tradition in der orientalischen und in anderen traditionellen Kulturen verankert ist. In einer Gesellschaft, in der die Ehre der Familie von der Frau abhängt, will eine Familie diese schnell verheiraten, um die Ehre zu erhalten. Oft werden in solchen Kulturen bereits Kinder einander versprochen, auch wenn die Ehe erst Jahre später nach der Pubertät vollzogen wird. So wusste ich damals im Sudan auch bereits als Kind, dass ich einmal meine Cousine heiraten soll, weil meine Eltern das mit ihren Eltern abgesprochen hatten. Aber diese kulturellen Aspekte mischen sich häufig dadurch mit religiösen, dass es für die Ehe mit Minderjährigen auch ein religiöses Vorbild gibt: Muhammad war Überlieferungen zufolge mit der minderjährigen Aischa verheiratet. Zur Zeit Muhammads war es üblich, dass Mädchen schon äußerst früh verheiratet wurden, um die eigene Familie wirtschaftlich und finanziell abzusichern.[45] Was damals kein Problem war, ist heute eins. Dennoch tun sich viele Muslime schwer damit, die Verheiratung minderjähriger Mädchen zu kritisieren, weil sie sich nicht explizit gegen das religiöse Vorbild ihres Propheten stellen wollen.

Im März 2021 hat der ägyptische Präsident Abd al-Fattah as-Sisi von dem Dar al-Ifta, dem ägyptischen Amt für islamische Rechtsgutachten, gefordert, eine Fatwa gegen die Ehe mit Minderjährigen zu erlassen. Bisher gibt es von der al-Azhar kein Rechtsgutachten, das aus islamisch legitimierten Gründen eine Ehe unter 18 Jahren verbietet. Und daher existiert in einigen Ländern auch kein gesetzliches Mindestheiratsalter für Mädchen. Auf der offiziellen Homepage der al-Azhar wird die theologische Position vertreten, dass es erlaubt ist, ein minderjähriges Mädchen zu heiraten.[46] Eltern können schon sehr früh einen Ehevertrag für ihre Kinder abschließen, heißt es in dem Artikel. Die Ehe sollte allerdings erst nach der Pubertät vollzogen werden, wenn die junge Frau »die Konsequenzen der Ehe« tragen kann. »Es muss auch verstanden werden, dass der Islam keine Religion ist, die ihren Kopf wie der Strauß in den Sand steckt und sein Erbe und seine Geschichte leugnet«, heißt es in dem Artikel. Im Klartext: Minderjährigenehen gehören zum Erbe und zur Geschichte des Islams – und das ist genau der Grund, warum sie bisher auch nicht in Bausch und Bogen von den Azhar-Gelehrten verurteilt wurden. Allerdings könnten sich Zeiten, Sitten und Standards ändern, wird im weiteren Text eingeräumt. Dadurch wird zumindest ermöglicht, per säkularem Gesetz striktere Regeln durchzusetzen.

Dieser Text ist nicht nur irgendein Text auf einer Homepage, sondern er prägt Menschen, für die die al-Azhar eine Autorität ist. Ich würde mir wünschen, dass die al-Azhar sich klar gegen eine Minderjährigenehe ausspricht und nicht direkt oder indirekt eine solche legitimiert. Zum Glück praktiziert dennoch nur eine Minderheit der Muslime Kinderehen. Aber die Mehrheit, die eine solche Tradition ablehnt, sollte gemeinsam mit Theologen, Juristen und Menschenrechtsorganisationen sowie anderen Gleichgesinnten ihre Stimme erheben, damit Mädchen vor einer solchen Praxis geschützt werden und Zeit haben, sich zu entfalten, ihre Ausbildung abzuschließen und einen Beruf zu erlernen.

Auch in Deutschland ist das Thema »Kinderehen« bzw. Frühehen zunehmend ein Thema, zwar auch unter EU-Bürgern, die beispielsweise aus Bulgarien oder Rumänien kommen, aber auch unter Geflüchteten aus islamisch geprägten Ländern wie Syrien, Irak oder Afghanistan.[47] Das Gesetz zur

Bekämpfung von Kinderehen, das seit 2017 existiert, und das 2024 noch einmal nachgebessert wurde, setzt das Heiratsalter auf 18 Jahre ohne Ausnahme hoch. Ehen, die im Ausland geschlossen wurden, und an denen eine Person unter 16 Jahren beteiligt ist, sind in Deutschland unwirksam. Eheschließungen, bei denen eine Person zwischen 16 und 18 Jahren alt ist, können von den zuständigen Behörden aufgehoben werden, außer es liegen besondere Härtefälle vor.

Dieses Gesetz ist wichtig, da es Kinderehen in Deutschland verhindern und helfen kann, dass Minderjährige nicht in eine Ehe gezwungen werden und die Möglichkeit haben, sich aus einer solchen zu befreien und sie finanziell abzusichern.[48]

Wie Terres des Femmes feststellt, gibt es aber trotz dem Gesetz zur Bekämpfung von Kinderehen weiterhin religiöse bzw. soziale Verheiratungen Minderjähriger, die nicht vor dem Standesamt stattfinden und deshalb auch nicht strafrechtlich verfolgbar sind. Das Gesetz sollte deshalb um die Formulierung »eheähnliche Verbindungen« ergänzt werden, fordert die Frauenrechtsorganisation.[49] Doch idealer wäre, früher anzusetzen in der Aufklärung und in dem Gespräch mit islamischen Rechtsgelehrten der Herkunftsländer, sodass es erst gar nicht zu solchen Eheschließungen kommt und auch dort überall erst Ehen ab 18 Jahren als legal gelten – selbst wenn sie nicht im Standesamt geschlossen wurden, sondern nur vor einem Imam.

Neben den religiösen Gründen, die für Konflikte sorgen können, gibt es Konflikte, die rein kultureller Art sind. Manche Barrieren entstehen auch durch misslungene Kommunikation oder unterschiedliche Werte, wie das nächste Kapitel zeigt.

6.

Kulturelle Barrieren, die das Zusammenleben erschweren

Manchmal sprechen Menschen von der Integration in unsere »Kultur« und gehen davon aus, dass jeder weiß, was das bedeutet. Aber Kultur ist ein Containerbegriff, unter dem jeder etwas anderes verstehen kann. So wird unter dem arabischen Wort für Kultur, *thaqafa,* beispielsweise nur Literatur, Kunst und Theater verstanden. Heißt das also, wenn ich die Zeitung auf Deutsch lesen kann und das Theater besuche, dass ich mich in die deutsche Kultur integriert habe?

Der Ethnologe Lothar Käser definiert »Kultur« so: Kulturen sind »Strategien zur Daseinsbewältigung«[50], also alle Regeln, die helfen, um das alltägliche Leben und Zusammenleben zu bewältigen. Ich muss wissen, wie die Menschen ihren Alltag bewältigen, wie sie innerlich »ticken«, um ihre Kultur tatsächlich zu verstehen.

Für Migranten ist es vor allem hilfreich, die »Strategien« zu verstehen, wie Menschen hier den Alltag und das Zusammenleben regeln. Das merkte ich just an dem Tag, an dem ich deutscher Staatsbürger wurde. Das war im Jahr 2003. Ich ging zum Rathaus, um meine Einbürgerungsurkunde abzuholen, das Stückchen Papier, auf das ich fast ein Jahr gewartet hatte. Der dortigen Beamtin, die sehr viel Arbeit mit meinem Fall gehabt hatte, brachte ich ein kleines Dankeschön mit. Waren es Pralinen oder eine Schokoladentafel? Auf jeden Fall nichts Teures. Trotzdem zögerte sie, das Geschenk anzunehmen. Es gebe da von ihrem Chef aus Regelungen, die ihr verbieten,

Geschenke anzunehmen, murmelte sie verlegen. Ich verstand die Welt nicht mehr. »Werde ich jemals in dieser Kultur zu Hause sein?«, fragte ich mich ratlos.

Immer wieder merkte ich, dass es nicht ausreicht, über Mülltrennung und die Verkehrsregeln in Deutschland Bescheid zu wissen, oder alle Gebirge der Bundesrepublik benennen zu können. Wenn uns Migranten nicht vermittelt wird, was die deutsche Kultur ausmacht, wird dadurch auch ein gelingendes Zusammenleben erschwert.

Kultur vergleicht der US-amerikanische Psychologe Charles Osgood (1916–1991) mit einem Eisberg.[51] An der Oberfläche des Eisberges liegt die sichtbare, praktizierte Kultur wie Sprache, Kleidung, Essen, Traditionen und Rituale. Diese kulinarischen Spezialitäten und Folklore sind interessant und machen das Leben bunt und vielfältig. Wegen Fragen des Essens oder der Musik gibt es selten Konflikte.

Wenn es interkulturell zu Konflikten kommt, dann meistens aufgrund der tiefer liegenden Überzeugungen wie Werte, Normen, Einstellungen und Erwartungen. Diese sind nicht so offensichtlich wie die Kleidung oder Sprache eines Menschen. Aber wie bei einem Eisberg sind es auch bei der Kultur genau diese tiefer liegenden Schichten, die erst auf den zweiten Blick erkennbar sind und die dafür sorgen, dass es zu einem Aufeinanderprallen von Werten, einem Konflikt, kommen kann. Ganz unten liegen Grundannahmen, die so tief verwurzelt sind, dass Menschen sie nur selten hinterfragen oder diskutieren, sondern als selbstverständlich voraussetzen, wie beispielsweise unausgesprochene Erwartungen, die man an seine Mitmenschen hat.

Ich möchte nun einige dieser unter dem Wasser schlummernden Brocken des kulturellen Eisberges herausgreifen, die für Konflikte sorgen können. Dabei ist zuerst einmal wichtig, sich zu bemühen, die kulturellen Unterschiede zu *verstehen,* bevor man sie *bewertet.* Erst danach kann man überlegen, wie man mit ihnen umgeht. Bei den unterschiedlichen Wertepaaren, die ich vorstelle, geht es mir nicht darum, Stereotype zu erzeugen. Kein Mensch und keine Kultur lebt ein Wertepaar in Reinform. Es geht um Tendenzen, die helfen können, unterschiedliche kulturelle Prägungen zu erklären.[52]

Was ist uns wichtig? Individuelle Freiheit oder das Interesse der Gruppe?

In dem Wertesystem des *Individualismus* steht der Einzelne und dessen Freiheit im Mittelpunkt. Die Möglichkeit zur Selbstentfaltung und die Förderung des Einzelnen sind wichtig. Die Einzigartigkeit des Menschen liegt in der jüdisch-christlichen Vorstellung begründet, dass jeder Mensch ein Ebenbild Gottes ist. Diese Tatsache ist so grundlegend, dass sie bereits im ersten Kapitel der Bibel erwähnt wird. Die Gefahr des Individualismus besteht darin, dass er zum Egoismus führen kann, der den Mitmenschen aus den Augen verliert. Wenn jemand vereinsamt zu Hause stirbt und keiner es mitbekommt, dann ist das ein trauriges Zeichen dafür, dass eine reiche Gesellschaft sozial sehr arm sein kann.

Beim Wertesystem des *Kollektivismus* werden die Interessen des Einzelnen dem Kollektiv, also der Gruppe, zum Beispiel der Familie, Religionsgemeinschaft oder Nation teilweise untergeordnet. Ein übertriebener Kollektivismus kann dafür sorgen, dass die Würde des Einzelnen oder die Entfaltung seiner Persönlichkeit preisgegeben wird, weil die Ziele der Familie oder einer anderen Gruppe über dem Individuum stehen und der Einzelne in der Gruppe untergeht.

Diese kulturellen Unterschiede nehmen Flüchtlinge laut dem Integrationsbarometer des Sachverständigenrates Deutscher Stiftungen für Integration und Migration selbst wahr: So meinen 67 Prozent der Befragten, dass die Menschen in Deutschland sich mehr um sich selbst kümmern als um ihre Familien. Bezogen auf ihr Herkunftsland meinen das nur 35 Prozent. 61 Prozent der Befragten sehen hier einen Unterschied zu ihrem Herkunftsland. Von ihnen fällt es rund 38 Prozent schwer, damit umzugehen.[53]

Die Herausforderung für Migranten, die wie ich aus einem kollektivistischen Umfeld kommen, ist, dass wir es hinbekommen, bei allem vorbildlichen Gemeinsinn dennoch unsere Kinder zu Mündigkeit und Eigenverantwortung zu erziehen. Damit sie ihren eigenen Weg in der Kultur finden und gehen können, in der wir selbst nicht aufgewachsen sind. Es ist wichtig, dass die Familie auf sie nicht zu viel Kontrolle und Druck ausübt, damit sie sich frei entfalten können – auch wenn das heißt, dass sie andere Wege einschlagen, als ihre Eltern oder die Gemeinschaft es wünschen.

Hilfreich, um diese verschiedenen Wertesysteme zu verstehen, kann das von Friedemann Schulz von Thun entwickelte Werte- und Entwicklungsquadrat sein, das davon ausgeht, dass jeder Wert zu einem Unwert verkommt, wenn er übertrieben und verabsolutiert wird. Jeder Wert braucht daher einen Gegenwert, eine Schwestertugend, mit der er ausbalanciert werden muss. Erst in dieser Balance kann etwas Gutes entstehen.

Auch die beiden Wertesysteme Kollektivismus und Individualismus schließen sich nicht aus, sondern können sich demnach ergänzen.

So kann es eine Bereicherung sein, wenn diese Gesellschaft, die den Wert des Individuums besonders betont, von Aspekten der Gegenkultur, des Kollektivismus, lernt; zum Beispiel das Familienbewusstsein und gesunde, verlässliche Familienstrukturen. Diese Werte, wie Verantwortung für andere zu übernehmen und familiärer Zusammenhalt, waren auch westlichen Gesellschaften nicht fremd, aber viele haben sie heutzutage leider verlernt.

»Kulturquadrat« nach Schulz von Thun[54]

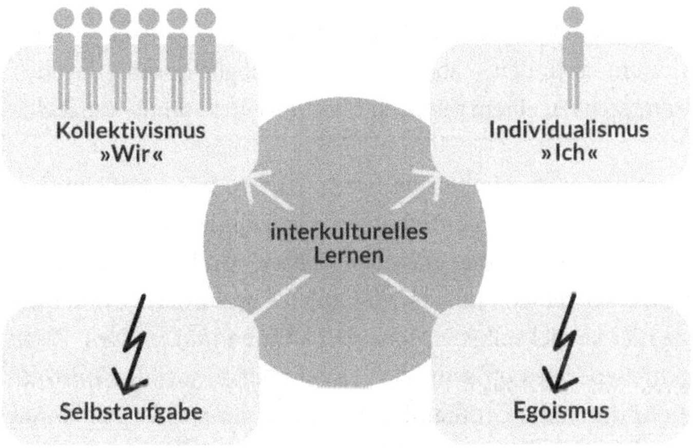

Wie treffen wir Entscheidungen? Allein oder als Familie?

Doch auch hierzulande beeinflussen und kontrollieren Großfamilien Menschen. Selbst wenn die Familie Tausende Kilometer entfernt lebt, kann sie per Videotelefonie, Messenger und auf anderen elektronischen Kommunikationswegen sehr präsent sein und auf Migranten in Deutschland einwirken.

Eine Person erzählte mir: »Meine große Sorge ist nicht, was die Kinder hier in Stuttgart machen, sondern welche ihrer Bilder an die Familie nach Syrien gehen.«

Ich war Mitbegründer und langjähriger Vorsitzender des Saatkorn-Projekts[55] in Korntal – eines Vereins, der unbegleiteten jungen Migranten über 18 Jahren helfen will, durch sozialbetreute Wohngemeinschaften und die Mitarbeit in einer Nudelmanufaktur in der deutschen Gesellschaft Fuß zu fassen. Zu den Jungs im Saatkorn-Projekt habe ich immer wieder gesagt: »Ihr habt in Deutschland die große Chance, euren Weg als Individuum zu finden – aber dies ist nur möglich, wenn ihr euch wenigstens zu einem gewissen Maß von eurer Familie abnabelt.«

An einem Ort wie beispielsweise Aleppo ist es fast unmöglich, etwas allein zu entscheiden. Die Familie mischt sich immer ein. Sie hilft aber auch beim Lösen von Problemen. Deshalb sind manche jungen Migranten überfordert damit, dass sie hier so viel selbst entscheiden können und müssen. Zwar genießen sie es oft sehr, dass sie nun keine soziale Kontrolle mehr durch die Großfamilie erleben, können aber manchmal mit der neu gewonnenen Freiheit nicht umgehen.

Wenn die Großfamilie weit weg ist, steht nicht sofort die Ehre der Familie auf dem Spiel. Wer sich danebenbenimmt, wird nicht direkt sanktioniert. Das kann befreiend sein, für manche ist es aber auch eine Überforderung. Wenn es niemanden gibt, der diese jungen Menschen an die Hand nimmt und ihnen bei den ersten Schritten in diesem Land hilft, kann die neu gewonnene Freiheit im schlimmsten Fall zu Drogenproblemen und Kriminalität führen.

Vor allem minderjährige Flüchtlinge brauchen im positiven Sinne Orientierung, wenn sie hier ankommen. Denn viele suchen danach, weil sie es so kennen. Ohne Vorbilder und Menschen, die sie bei der Ankunft in einem fremden Land begleiten, geraten sie leicht an Salafisten oder Kriminelle, die sie negativ beeinflussen.

Wie erlangen wir gesellschaftliches Ansehen? Woran machen wir Erfolg fest?

In der arabischen Kultur machen Menschen persönlichen Erfolg vor allem an der Familie fest: Niemand fragt, welche Ausbildung jemand gemacht hat, sondern nur, aus welcher Familie er kommt. Selbst große Versager stellt niemand infrage, wenn sie aus einer Familie kommen, die einen guten Ruf hat. In westlichen Gesellschaften, in der jeder Mensch die Chance hat, selbst etwas zu erreichen, interessiert dagegen kaum jemanden, wer der Vater ist. Menschen werden nach ihrem eigenen Ruf und ihrer eigenen Leistung bewertet.

Am Anfang ist es auch vielen Migranten schwer zu vermitteln, dass Beziehungen hier nur begrenzt weiterhelfen und nicht immer alle Türen öffnen. So sind manche zum Beispiel enttäuscht, wenn ihnen der Pfarrer, Bürgermeister oder eine andere Lokalprominenz keine Wohnung vermitteln oder einen Kindergartenplatz herbeizaubern kann.

Ich erhielt bereits öfter wutentbrannte Anrufe von Migranten, die sich über ihren »schlechten« Anwalt beklagten, der ihre Abschiebung nicht verhindern konnte – obwohl sie diesen für seine Leistungen bezahlt hatten. Menschen, die aus korrupten Rechtssystemen kommen, verstehen anfangs oft das juristische Vorgehen hier nicht und begreifen nicht, warum der Anwalt nicht für sie eine Geschichte erfinden kann, damit sie einen Aufenthaltstitel erhalten.

Aus diesem Grund warne ich auch immer wieder davor, Menschen, die konvertieren und Christen sein wollen, im Asylprozess zu taufen. Denn manche denken, dass sie durch eine Taufe Vorteile im Asylprozess haben, weil die Gemeinde dann ein gutes Wort bei den Behörden einlegen kann. Hier ist klare Kommunikation wichtig, die offenlegt, dass ein Taufschein keine Freikarte für die Gewährung von Asyl ist und jemand nur seinen Glauben wechseln sollte, wenn er davon fest überzeugt ist, und nicht, wenn er sich dadurch Vorteile für sein Asylverfahren erhofft.

Welchen Stellenwert haben Freundschaften?

Freundschaften sind im orientalischen Kontext sehr wichtig. Für einen Freund macht man fast alles. Ein arabisches Sprichwort lautet: »Zwischen uns ist Brot und Salz.« Das bedeutet, dass ein gemeinsames Essen der Beginn einer Freundschaft ist. Wer zusammen am Tisch saß, der teilt nicht nur das Essen, sondern das Leben miteinander und unterstützt sich. Ein gemeinsames Essen ist also das sichtbare Zeichen für einen Freundschaftsbund.

Freunde erwarten voneinander bedingungslose Loyalität und immer füreinander da zu sein. Freunde dürfen jederzeit unangemeldet zu Besuch kommen, und niemand würde danach fragen, wie lange der andere vorhat zu bleiben. Deutsche schätzen ebenfalls gute Freundschaften, aber diese haben meist klare Grenzen. Zum Beispiel, dass man die Privatsphäre der Familie und ihre Termine beachtet und deshalb meist nur nach Absprache aufkreuzt.

Ich habe einmal eine syrische Familie betreut, die mir enttäuscht erklärte, dass ihre deutschen Nachbarn sie nicht mögen. Sie konnten damals kaum Deutsch, aber brachten ihrer deutschen Nachbarsfamilie immer wieder einen Teller mit syrischem Essen vorbei. Jedes Mal bedankte sich die Familie und brachte am nächsten Tag den leeren, gewaschenen Teller zurück. Ich sprach mit den deutschen Nachbarn und erfuhr, dass sie sich über die Geste ihrer syrischen Nachbarn freuten.

Mit der dankbaren Entgegennahme des Essens war für sie die Sache erledigt.

Die syrische Frau dagegen war enttäuscht, weil immer nur der leere Teller zurückkam. Sie hätte sich gewünscht, dass sie auch einmal ein Essen von der deutschen Familie bekommt, oder am besten von ihr zum Essen eingeladen wird. Essen und Freundschaft – das gehört in der orientalischen Kultur besonders eng zusammen.

Ähnlich wie beim Essen sieht es auch bei Geschenken aus: Sie gehören zu einer Freundschaft dazu. Es ist ein ständiges Geben und Nehmen, das tief in der Kultur verankert ist. Wird man eingeladen, stellt man irgendwo kommentarlos eine Tüte mit einem Geschenk hin. Das Geschenk direkt zu öffnen ist nicht üblich. Der Gastgeber bedankt sich meist nicht groß dafür, sondern reagiert darauf bei der nächsten Gelegenheit mit einem eigenen Geschenk.

Außerdem gilt in der orientalischen Kultur das Motto: Alles, was dir gehört, gehört mir – und natürlich andersherum. Wenn jemand etwas ausleiht, bringt er es deshalb bei guten Freunden nicht immer zurück. Einerseits ist es ein Kompliment, wenn Verliehenes verschollen bleibt, denn dann hat man ein besonders tiefes Stadium der Freundschaft erreicht. Wenn ich allerdings ein Buch ausleihe und es anschließend wieder zurückhaben möchte, sollte ich besser zuvor ein eindeutiges Signal geben. Es wäre schade, wenn eine Freundschaft an den unterschiedlichen Vorstellungen von Eigentum zerbricht.

»Du bist mein Papa«, »du bist meine Schwester«, so nennen Arabisch sprechende Migranten oft befreundete Deutsche, die sich für sie einsetzen. Diese fühlen sich geehrt, aber wissen oft nicht, dass so eine Bezeichnung auch eine gewisse Erwartung mit sich bringt – nämlich, dass man tatsächlich zu einem Teil der Familie des anderen wird, um die man sich intensiv zu kümmern hat. Diese unausgesprochenen Erwartungen können zu Missverständnissen und Enttäuschungen auf beiden Seiten führen. Deshalb ist es auch hier wichtig, über das jeweilige Verständnis von Freundschaft zu reden.

Wie gehen wir mit Konflikten um?

Wenn ich jemanden auf Arabisch frage, ob er zu einer Veranstaltung nächste Woche kommt, dann erhalte ich nur selten ein direktes Nein. Entweder erhalte ich als Antwort ein: *»In sha' allah«* – »So Gott will« – was die höfliche Form einer Absage ist und bedeutet, dass der Gefragte voraussichtlich nicht kommt. Oder er sagt »Ja«, um mir eine Freude zu machen, aber denkt »Nein«, würde das aber aus Respekt mir gegenüber nie offen aussprechen. Aber Achtung! Es ist nicht so, dass diese Menschen bewusst lügen würden. Sondern in dem Moment schätzen sie den anderen so sehr und möchten ihm eine Freude machen, dass dies wichtiger als eine ehrliche Antwort ist. Wer aus einer ehren- und schamorientierten Kultur kommt, für den ist wichtiger, als ein »Ja« oder »Nein« einzuhalten, das Gegenüber nicht zu beleidigen. Eine Absage würde als Beleidigung verstanden, durch die der andere sein Gesicht verliert. Das ist wichtig zu verstehen. Menschen, die aus einer schamorientierten Kultur kommen, kann man helfen, indem man ihnen erklärt: »Ich freue mich, dass du Ja sagst, aber du sollst wissen, du kannst auch ehrlich Nein sagen, wenn dir der Termin nicht passt, das ist kein Problem. Das bedeutet nicht, dass dadurch unsere Beziehung kaputtgeht oder du mich ablehnst. Wenn du an diesem Termin nicht kannst, dann geht es bei dir vielleicht nächste Woche.«

Migranten aus diesem Kulturkreis sollten wissen: »Wenn bei uns jemand Ja sagt, heißt das Ja, und Nein heißt Nein.« Wenn man das nicht tut, kann es dazu führen, dass Migranten Deutsche zu direkt, unverschämt oder verletzend finden und Deutsche Migranten als chaotisch, unverbindlich oder sogar als Lügner wahrnehmen.

Auch in ihrer nonverbalen Kommunikation unterscheiden sich Menschen aus den verschiedenen Kulturkreisen, da sie verschieden mit Gefühlen umgehen. Weint man vor anderen, umarmt man sich, oder pflegt man eher einen distanzierteren Umgang miteinander? Deutsche können als kalt oder herzlos empfunden werden, weil sie häufig distanzierter als Menschen in anderen Kulturen sind und ihre Gefühle nicht immer offen zeigen.

»Schau mich an, wenn du mit mir sprichst!«, forderte eine ehrenamtliche Mitarbeiterin unserer Gemeinde von mir, als ich neu nach Deutschland gekommen war. Sie empfand es als unhöflich, dass ich ihrem Blick auswich. Dabei wollte ich ihr gegenüber Respekt zeigen und vermied deshalb den Blickkontakt. Dies zeigt, dass es auch in der nonverbalen Kommunikation zu Missverständnissen kommen kann. Ähnliches gilt für den Händedruck bei der Begrüßung. Wenn eine »anständige« Frau in der orientalischen Kultur überhaupt einem Mann die Hand zur Begrüßung gibt, dann macht sie das meist nur flüchtig und ohne intensiven Händedruck. Ein kräftiges Händedrücken kann deshalb in manchen Fällen bereits als sexuelle Annäherung missverstanden werden.

Auch Kritik zu äußern ist ein heikles Thema. Wenn jemand vor allen zurechtgewiesen oder auf Fehler angesprochen wird, verliert er in schamorientierten Kulturen seine Ehre. Deshalb ist es so wichtig, wie Menschen ihre Kritik äußern. In orientalischen Kulturkreisen kritisieren Menschen manchmal indirekt über eine Vertrauensperson wie den Bruder oder die Schwester oder einen anderen Mediator, um die andere Person nicht bloßzustellen. Dieser indirekte Weg lässt dem anderen immer eine Möglichkeit, sich rehabilitieren zu können, ohne das Gesicht zu verlieren. In schamorientierten Kulturen wäre eine direkte Konfrontation das Ende einer Beziehung. Man würde lächeln und dem anderen lieber früher als später zustimmen, damit der Streit beigelegt ist. Danach wäre aber nicht alles gut. Man würde sich anschließend nicht mehr bei dem anderen blicken lassen und den Kontakt auf Eis legen.

Für das Zusammenleben in unserer Gesellschaft brauchen wir in diesem Punkt Geduld: Wir können von schamorientierten Menschen lernen, dass sie nie ihre Freunde bloßstellen würden wegen eines Konfliktes und ihnen eine gute Beziehung immer wichtiger ist als alles andere. Allerdings müssen sie auch lernen, dass es hier in der Gesellschaft immer wieder direkte Konfrontationen mit Konflikten geben wird und sie einen Weg finden müssen, damit umzugehen – und eine direkte Entschuldigung keine Verletzung der eigenen Ehre ist, sondern ein wichtiges Mittel, um die eigene Ehre zu erhalten.

Schuld- und schamorientierte Kultur[56]
Natürlich gibt es in jeder Kultur ein Gefühl für Schuld und für Scham. Allerdings betonen Menschen aus manchen Kulturen im Umgang mit Fehlverhalten äußere Scham oder Entehrung mehr als andere.

Es kann zwischen Kulturen unterschieden werden, die eher ehren- und schamorientiert sind wie die orientalische und z. B. auch asiatische Kultur, und Kulturen wie die westliche, die eher recht- und schuldorientiert sind. Laut dem Schweizer Psychiater Josef Sachs ist das Gefühl von Scham viel existenzieller als das Gefühl von Schuld. Bei Schuldgefühlen lautet die Frage: »Warum konnte ich das TUN?« – hier werde also die Handlung betont. Wer sich schämt, fragt laut Sachs dagegen: »Warum konnte ICH das tun?« Die Betonung liegt auf der Person. Diese unterschiedliche Sicht auf Fehler hat Konsequenzen: Für Schuld kann man sich ent-schuldigen, bei Scham lässt sich höchstens die verletzte Ehre wiederherstellen – was in einzelnen extremen Fällen sogar zur Gewalt im Namen der Ehre führen kann.[57]

Wofür nehmen wir uns Zeit?

In der deutschen Kultur streben Menschen oft ein Ziel an, das sie erreichen wollen und dem sie alles andere unterordnen. Wenn ich beispielsweise einen Arzttermin habe, gehe ich zum Bahnhof, um den Zug um 15.14 Uhr zu erwischen. Selbst wenn ich Bekannte treffe, habe ich die Uhr im Blick, weil ich pünktlich beim Arzt erscheinen möchte.

In meiner Herkunftskultur wäre es anders: Ich würde auf jeden Fall anhalten, wenn ich auf dem Weg zum Bahnhof Bekannte treffe, und mit ihnen sprechen. Dass ich dann den Zug verpasse und zu meinem Termin später komme, nehme ich in Kauf.

Ein anderes Beispiel: Wenn ich als arabischer Pastor auf dem Weg zu meinem arabischen Gottesdienst einen Algerier treffe, der meine Hilfe braucht, dann ist es kein Problem, wenn ich ihm helfe, ihn sogar ein Stück seines Weges begleite und dadurch eine halbe Stunde später zum Gottesdienst komme – auch wenn ich als Pastor damit meine ganze Gemeinde warten lasse. Keiner hat damit ein Problem, dass meine Predigt erst eine halbe Stunde später beginnt, wenn ich den Grund meiner Verspätung erkläre. Es macht mich wahrscheinlich sogar noch glaubwürdiger als Christ und Pastor, wenn ich hilfsbereit bin, auch wenn ich deshalb zu spät komme.

Nun stelle man sich vor, dies würde in einer deutschen Gemeinde passieren. Ich bin dort als Gastprediger eingeladen, komme aber eine halbe Stunde zu spät, weil ich jemandem den Weg gezeigt habe. Niemand hätte dafür Verständnis, viele wären wahrscheinlich verärgert. Die deutschen Gemeindemitglieder könnten nur schwer nachvollziehen, dass ich als Hauptverantwortlicher des Abends zu spät erscheine – auch wenn der Grund dafür löblich ist.

Als Migrant muss ich verstehen, dass es ein Zeichen von Missachtung und fehlendem Respekt ist, wenn der Gemeindesaal voll ist und ich Menschen auf mich warten lasse.

Ich glaube, das Konzept Pünktlichkeit leuchtet Migranten viel eher ein, wenn ich erkläre, dass es sie entehrt, wenn sie die Zeit nicht einhalten und dadurch eine Person auf sie warten muss. So können sie das Konzept eher verstehen, als wenn man sagt: »Hier in Deutschland machen wir das eben so.«

Planen wir langfristig oder spontan?

Wie man denkt, so lebt und plant man. Und wie man spricht, so denkt man. Ich finde es zum Beispiel in der deutschen Sprache sehr interessant, dass bei einem Nebensatz das Verb erst ganz am Ende steht. Man muss also bereits den ganzen Satz planen und im Kopf haben, bevor man ihn ausspricht. Im Arabischen ist das völlig anders: Es gibt sogar Sätze ohne Verb, und ob man das Verb an erster oder zweiter Stelle eines Satzes stellt, spielt keine Rolle. Wer arabisch spricht, formuliert »spontaner« als im Deutschen.

In der deutschen Kultur ist Organisation und Planung sehr wichtig. So gelingt es den Leuten, viel zu erledigen und zu leisten. Immer wieder höre ich von Ehrenamtlichen aus der Flüchtlingsarbeit, dass sie frustriert sind, weil sie keine Planungssicherheit haben, wenn es um Angebote für Migranten geht. Beispielsweise bietet eine Kirchengemeinde immer samstags um 15 Uhr ein Café für Flüchtlinge und Migranten an. Sie haben einen Vierteljahresplan aufgehängt, auf dem das Programm für jede Woche sorgfältig aufgelistet ist. Aber diese Pläne werden oft dadurch zunichtegemacht, dass die Verantwortlichen nie wissen, wie viele Personen kommen – obwohl manche doch fest versprachen, beim nächsten Mal vorbeizuschauen. Langfristige versus spontane Planung – das kann zu Frust führen. Deutsche sollten Menschen aus meinem Kulturkreis erklären, dass ihnen eine langfristige Planung und Verbindlichkeit wichtig ist. Das steht häufig im Widerspruch zu einer Mentalität, die vom islamischen Glauben her geprägt ist, derzufolge eigentlich kein Mensch das Recht hat, etwas zu planen, weil nur Gott das Morgen kennt. Ein bisschen von dieser Demut, dass der Mensch beim Planen nicht alles in der Hand hat, wäre hierzulande manchmal auch gesund, ebenso wie etwas mehr Flexibilität und Spontanität. Nichtsdestotrotz: Wer nicht vorausschauend plant und verlässlich ist, kann hier nicht erfolgreich sein.

Typisch deutsch – zentrale Kulturstandards

Als Migrant habe ich einige Regeln der deutschen Kultur gelernt und bemerkt: Sachverhalte sind manchmal wichtiger als Personen. Regeln und Strukturen werden besonders wertgeschätzt.

Es ist so wichtig, kulturelle Unterschiede zu kennen und zu verstehen. Es hilft mir, wenn ich weiß, dass ich beziehungs- und gruppenorientiert bin. Viele Deutsche sind eher sachlicher, zielorientierter und individualistischer.

Nun muss ich einen Weg finden, wie ich als personen- und beziehungsorientierter Mensch in dieser Gesellschaft gut klarkomme. Vorausgesetzt, ich will nicht in einer Parallelgesellschaft leben, in der ich mich nicht um die kulturellen Prägungen dieser Gesellschaft kümmern muss. Ich mache es mir zu einfach, wenn ich sage, die Deutschen haben keine Zeit und sind unfreundlich. Wenn ich jemanden auf der Straße treffe, kann ich fragen: »Hast du Zeit für ein Gespräch oder musst du zum Zug?« Oder ich mache einen Termin mit dem anderen aus und lade ihn zu einem Abendessen bei mir zu Hause ein.

Bei allen kulturellen Unterschieden stellt sich die Frage, wie sehr sich die Mehrheitsgesellschaft ändern muss, damit wir Migranten unseren Platz finden, oder ob es nicht einfacher ist, dass wir uns ändern und der Gesellschaft dadurch entgegenkommen – zumal diese uns aufgenommen hat und es deshalb auch selbstverständlich für uns sein sollte, dass wir uns aus Respekt den Gepflogenheiten dieses Landes anpassen.

Ich glaube, es kann eine Bereicherung sein, wenn wir uns aneinander reiben, voneinander lernen und uns gegenseitig korrigieren. Kulturelle Vielfalt ist aber kein Wert an sich: In jeder Kultur gibt es Gutes, von dem wir profitieren können. Von der Gastfreundschaft vieler Migranten können andere lernen, ebenso von ihrem Familienzusammenhalt oder ihrem Respekt gegenüber älteren Menschen. Dann gibt es Aspekte einer Kultur, die weder gut noch schlecht, sondern einfach Geschmacksache sind und die jeder handhaben kann, wie er möchte, beispielsweise Essensgewohnheiten oder Musikgeschmack. Es gibt aber auch destruktive kulturelle Prägungen, die für Probleme und Konflikte sorgen können, wie ein ungesundes Konzept von Ehre, das zu sozialer Kontrolle und Unfreiheit führt. Wer offen ist, kann von beiden Kulturen das Beste übernehmen. Das verlangt ein sehr hohes Maß an Reflexion. Ich muss bereit sein, die kritischen Seiten meiner Kultur zu sehen und Gewohntes zu überprüfen und zu hinterfragen. Vorurteile aufseiten der Aufnahmegesellschaft und auch der Migranten über »den anderen« helfen nicht weiter.

Migranten wünsche ich, dass sie sich bewusst für dieses Land entscheiden. Für mich war das ein wichtiger Schritt, als ich mich entschloss, dass Deutschland meine Heimat werden soll, in der meine Kinder aufwachsen. Heute ist diese Gesellschaft ein Teil von mir geworden und ich ein Teil von ihr. Und ich fühle mich mittlerweile hier mehr zu Hause, als ich mich im Sudan zu Hause fühlen würde. Ich musste mich öffnen, lernfähig sein, habe dadurch aber gewonnen. Allein eine neue Sprache zu lernen, bereichert ungemein. Auch durch die neue Kultur konnte ich dazulernen. Ich habe gelernt, Pünktlichkeit und gewissenhaftes Arbeiten zu schätzen. Trotzdem werde ich an den vielen Planungssitzungen, die meinen Alltag prägen, wohl nie Gefallen finden.

7.

Meine Idee eines Deutschlandführerscheins

Religiöse und kulturelle Konflikte tragen manchmal dazu bei, dass eine Integration von Einwanderern erschwert wird. Beide, Migranten und Aufnahmegesellschaft, können viel dafür tun, dass das Ankommen gelingt.

Von staatlicher Seite gibt es bereits sehr viele Integrationsmaßnahmen – viel mehr als in den 1990er-Jahren, als ich in Deutschland ankam. Allerdings ist die Zahl der Angebote für viele Migranten oft völlig unüberschaubar und der Zugang zu ihnen alles andere als barrierefrei. Deshalb braucht es eine noch klarer gesteuerte Integrationspolitik, eine Art »Deutschlandführerschein«, in der beigebracht wird, was benötigt wird, um in diesem Land gut zurechtzukommen.

Denn es ist wie mit der Auto-Fahrschule: Würde ich in Deutschland genauso Auto fahren, wie ich es aus Khartum gewohnt bin, wäre die Gefahr eines Unfalls sehr groß. Ich muss die Verkehrsregeln kennen, die hier gelten, um gut und sicher ans Ziel zu kommen. Hier meine Ideen, die sicherlich nicht der Weisheit letzter Schluss sind, aber zur Diskussion anregen sollen:

Erster Schritt: Informationskampagne bereits im Herkunftsland

Ist Deutschland das Land, in dem ich leben und eine Zukunft aufbauen will? Diese Frage stellen sich viele Menschen bereits, wenn sie planen, auszuwandern oder aus ihrer Heimat zu fliehen. Deshalb sollte jeder die Möglichkeit haben, leicht, schnell und verständlich zu erfahren, für welche Werte Deutschland steht und was erwartet wird, wenn man in Deutschland leben will.

Dafür braucht es eine breit angelegte, staatliche Informationskampagne, die auf den Internetauftritten der deutschen Botschaften und Konsulate sowie dem Außenministerium zu finden sein könnte. Auf einer solchen Internetseite sollte neben anderen Informationen über Deutschland auch in mehrere Sprachen übersetzt das auf dem Grundgesetz basierende Werteverständnis zu finden sein – und ähnlich wie bei dem Leitbild einer Firma in klaren Slogans davon gesprochen werden, wofür dieses Land steht, beispielsweise: In Deutschland gibt es die Gleichberechtigung von Mann und Frau, es leben Menschen verschiedener Glaubensüberzeugungen friedlich zusammen. Jedes Individuum hat die Freiheit, so zu leben, wie es will – sofern die Freiheit des anderen nicht darunter leidet. Jeder darf heiraten, wen er will. Gewalt in der Familie ist strafbar. Jeder darf seine Religion verlassen oder wechseln. Homosexuelle und Heterosexuelle sind gleichberechtigt. Wir sind vom Existenzrecht Israels überzeugt und werden es nie zulassen, dass dieses in Abrede gestellt wird.

Solche Slogans sind zwar etwas plakativ, aber ich denke, die Menschen haben das Recht, niederschwellig darüber informiert zu werden, was sie für ein Leben erwartet, wenn sie einwandern wollen. Wer nicht bereit ist, diese Werte zu teilen, kann sich dann auch leichter dagegen entscheiden, nach Europa einzuwandern.

Das erfolgreiche Konzept der »Vorintegration«, das Goethe-Institute bereits in den Heimatländern für Migranten anbieten, hilft, dass Menschen mit realistischeren Vorstellungen nach Deutschland kommen und ihnen der Integrationsprozess leichter fällt.

Zweiter Schritt: Klare Ansagen bei der Ankunft und Rechtsstaatsunterricht

Sind die Migranten in Deutschland angekommen, sollten wir ihre große Offenheit und die freie Zeit, die sie am Anfang haben, nutzen und ihnen vom ersten Tag an Orientierung geben und nicht warten, bis erst Monate später die Integrationskurse beginnen.

Normalerweise sind Schilder mit Regeln wie »Rauchen verboten« oder »Nachtruhe ab 22 Uhr« das Einzige, das Neuankömmlinge in den Erstaufnahmeeinrichtungen in ihrer Muttersprache vorfinden. Wichtiger wäre, dass bereits direkt bei der Ankunft Vorträge oder Seminare mit Übersetzung in die Muttersprache angeboten werden, die erklären, was dieses Land ausmacht.

Mehrere Jahre habe ich eine arabische Gemeinde in Karlsruhe geleitet, die sich in der Nähe der dortigen Erstaufnahmeeinrichtung befand. Zahlreiche der dort wohnenden Menschen kamen zu Besuch in unseren Gottesdienst und hatten viele Fragen über das Leben in dieser Gesellschaft. Sie waren motiviert und wollten sich hier zurechtfinden und ankommen. Diese Chance sollten wir nutzen und selbstbewusst erklären, dass dieses Land Gesetze hat, auf die man stolz ist und die ein friedliches Zusammenleben garantieren. Und ganz klarmachen: Wenn du hier leben möchtest, dann sind das die Spielregeln, die für jeden gelten. Es ist keine Option, sondern eine Pflicht, sich daran zu halten. Am Anfang muss dies recht autoritär geschehen, weil das die Art von Informationsvermittlung ist, die Menschen aus kollektiven und autoritären Systemen größtenteils gewohnt sind.

Die Menschen brauchen Anknüpfungspunkte, um in einen demokratischen Stil hineinzuwachsen. Rechtsstaatsunterricht, wie er beispielsweise in Baden-Württemberg angeboten wird, bei dem Richter und Staatsanwälte ehrenamtlich in Erstaufnahmeeinrichtungen Migranten insgesamt drei Stunden über ihre Grundrechte informieren, über ihre Freiheiten, aber auch Grenzen, sind ein vorbildlicher Versuch in diese Richtung.[58]

Dritter Schritt: Integrationskurse mit Hospitation, Praktikum und Ehrenamt ergänzen

Ein wichtiger Schritt war von staatlicher Seite die Einführung eines Integrationskurses. Jeder Integrationskurs besteht aus einem Sprachkurs mit 600 Unterrichtseinheiten und einem Orientierungskurs. Im Sprachkurs erlernen die Teilnehmer die deutsche Sprache bis zum Niveau B1 des Gemeinsamen Europäischen Referenzrahmens. Eine Untersuchung zeigt: Je stärker sich Migranten vor Beginn des Integrationskurses zur deutschen Gesellschaft zugehörig fühlen, desto erfolgreicher lernen sie die Sprache. Umgekehrt steigt mit einem höheren Sprachniveau auch die Identifikation mit dem Aufnahmeland.[59] Das zeigt: Die Sprache zu lernen ist das A und O der Integration.

Der Orientierungskurs soll in 100 Unterrichtseinheiten Kenntnisse zu Staat, Gesellschaft und Geschichte Deutschlands vermitteln. Ich finde es wichtig, dass Lehrkräfte im Rahmen der Orientierungskurse auch konfliktreiche Themen aktiv behandeln. Laut einer Auswertung des Bundesamts für Migration und Flüchtlinge (BAMF) berichten Träger und Lehrkräfte von Orientierungskursen über Wertekonflikte und politische Auseinandersetzungen während des Kurses. Diese stünden vor allem mit Themen wie religiöse und ethnische Zugehörigkeit, politische und antisemitische Einstellungen sowie Homosexualität in Verbindung. Aber auch die Gleichberechtigung von Mann und Frau sorge immer wieder für Diskussionen.[60]

Insgesamt wäre es wichtig, die Konzeption der Orientierungskurse zu verändern. In einer nicht repräsentativen, aber doch interessanten Befragung von Teilnehmern eines Orientierungskurses, die aus Syrien, Iran und Afghanistan stammten, erklärten nahezu alle Interviewten, dass sie zu dem Zeitpunkt, als sie den Orientierungskurs besuchten, die Sprache zu wenig beherrschten, um die Kursinhalte ausreichend zu verstehen.[61] Es sollte jedem möglich sein, den Orientierungskurs und anschließend auch die Prüfung in seiner Muttersprache zu absolvieren, damit sichergestellt ist, dass alle Inhalte verstanden und bejaht werden können. Außerdem muss man eines wissen: Wir Orientalen sind Meister im Auswendiglernen. Deshalb verwundert es mich nicht, dass sich viele Teilnehmer an Integrationskursen sehr stark auf den Abschlusstest des Orientierungskurses fokussieren und die rund 300 Prüfungsfragen auswendig lernen, damit sie den Schein erhalten. Doch ob sie die Inhalte der Fragen verinnerlichen und anwenden, ist ein anderes Thema. Menschen, die aus einer Kultur des Auswendiglernens kommen, sollten selbstständiges Denken und Hinterfragen lernen. Deshalb wäre die Form einer Prüfungspräsentation oder eines Gespräches vielleicht besser als das Ankreuzen von Antworten.

Schließlich sollte die Praxis nicht zu kurz kommen. Ist es für den Start in Deutschland wesentlich, genauestens über die Wahlen und Parteien Bescheid zu wissen, oder sollte eher geklärt werden, was für Folgen es hat, wenn man seine Unterschrift unter einen Handyvertrag setzt oder einen Kredit bei einer Bank beantragt? Wie finde ich Wohnung und Arbeit? Für wichtig halte ich zum Beispiel auch, intensiv darauf einzugehen, wie unser Sozialsystem funktioniert. Wer verstanden hat, dass Schulen, Sozialwohnungen, Sprachkurse und Transferleistungen durch Gelder finanziert werden, die Menschen in dieser Gesellschaft hart erarbeitet haben, ist der Aufnahmegesellschaft gegenüber dankbar und will selbst etwas zur Solidargemeinschaft beitragen.

Bisher findet sich in den Kursen auch kaum das Thema Pädagogik. Doch Eltern sollten wissen, wie man hier seine Kinder fördern kann, warum es gut ist, wenn Kinder in den Sportverein gehen oder ein Instrument lernen und was ein Elternabend ist. Außerdem braucht es neben der Theorie eines Orientierungskurses Kontakt mit der Bevölkerung, um zu erleben, wie die Gesellschaft »tickt«. Deshalb schlage ich vor, dass Besucher des Integrationskurses bereits vor Beginn des Kurses eine zwei- bis vierwöchige Hospitation in einem beruflichen Bereich ihrer Wahl absolvieren. Während der beiden Kurse könnte es zur Bedingung gemacht werden, dass alle Kursteilnehmer mindestens einmal in der Woche in irgendeinem Bereich ihrer Wahl ehrenamtlich mitarbeiten, egal ob es Essen ausgeben im Seniorenheim, die Teilnahme an den Übungen der Feuerwehr oder Aufsicht in der großen Pause auf dem Schulhof ist. Und zwischen dem Sprach- und

Orientierungskurs könnte ein vier- bis achtwöchiges Praktikum zur Pflicht gemacht werden.

Der Einsatz für die Gesellschaft ist eine Tugend, von der auch Migranten profitieren können, weil sie dadurch in Kontakte zur Mehrheitsgesellschaft kommen. Sie erhalten Anerkennung und Wertschätzung – vor allem wenn ihr Einsatz über die Zeit im Orientierungskurs hinausgeht. Sie werden zu einem Teil dieser Gesellschaft, der etwas zurückgibt von dem, was er selbst an Hilfe und Unterstützung erhalten hat.

Hilfreich wäre, wenn es eine Datenbank gäbe, in der sich soziale Institutionen, Vereine oder auch Arbeitgeber eintragen, wenn sie bereit sind, solche Praktika oder Möglichkeiten zur ehrenamtlichen Mitarbeit anzubieten. Alternativ könnte eine Freiwilligenagentur solche Ehrenämter, Hospitationen und Praktika vermitteln.

In der Zeit der ehrenamtlichen Mitarbeit und des Praktikums wäre es ideal, wenn es einen Mentor gäbe, der immer wieder nachhakt, wie es dem Migranten in seiner neuen Aufgabe ergeht, ihm betreuend zur Seite steht und auch Ansprechpartner für den Verein, die Firma oder das Sozialunternehmen ist, die ein solches Ehrenamt oder Praktikum anbieten. Ich denke da vor allem an väterliche oder mütterliche »Senior Experts« im Ruhestand. Ältere Menschen sind in der orientalischen Kultur sehr geschätzt, weil sie als weise gelten. Ihnen vertrauen Menschen aus dem Kulturkreis. Ideal wären als Mentoren auch »Altmigranten«, die hier seit Jahren erfolgreich leben und Neuankömmlinge mit ihren Erfahrungen unterstützen und komplexere Zusammenhänge auch in der Muttersprache erklären können und sprachliche sowie kulturelle Übersetzungsarbeit leisten.

Vierter Schritt: Ausbau der Kitas zu Familienzentren und verpflichtende Ganztagsschulen

Ich glaube, wir machen es uns zu einfach, wenn wir denken, nach dem Integrationskurs ist alles erledigt und Kinder und Jugendliche werden automatisch durch den Kindergarten- oder Schulbesuch integriert. Mit dieser Aufgabe sind Erzieher und Lehrer überfordert.

Hilfreich wäre eine Rundumförderung von Familien, die allen – Migranten und Nichtmigranten – zugutekommt. Deshalb spreche ich mich dafür aus, möglichst alle größeren Kitas zu Familienzentren auszubauen, die dadurch zu niederschwelligen Orten der Begegnung werden können. Dann könnte eine Mutter ihr Kind in der Kita abgeben und in der gewonnenen Zeit im Familienzentrum ein Sprachcafé besuchen. Berufsberatung könnte im Familienzentrum stattfinden, ebenso wie Sport- und Ernährungskurse oder ein Familienpicknick für alle Kita-Familien.

Für neu angekommene Kinder sollte es ab einem Jahr die Möglichkeit auf einen kostenlosen Kitaplatz und ab spätestens zwei Jahren eine Kita-Pflicht geben, damit die Kinder ohne Deutschkenntnisse dort schnell die Sprache lernen, um annähernd dieselben Bildungs- und Teilhabechancen wie herkunftsdeutsche Kinder zu haben. Schulkinder mit Sprachproblemen sollten ebenfalls die Pflicht zur Ganztagsbeschulung erhalten, damit sie in der Schule die neue Sprache üben und Hilfe bei den Hausaufgaben erhalten.

Für die Erziehung eines Kindes braucht es ein ganzes Dorf, heißt ein Sprichwort. Für die Integration eines Menschen ebenfalls.

8.

Religiöse Absonderung, Nationalismus und Parallelgesellschaften

Für Migranten ist es aus verschiedenen Gründen nicht einfach, hier heimisch zu werden. Es gibt Sprachbarrieren und kulturelle Barrieren, die sie überwinden müssen. Hinzu kommt, dass die Mehrheitsgesellschaft zwar Integration verlangt, sich oft aber kaum Gedanken macht, wie das Ankommen erleichtert werden kann. Viele Mitglieder der Gesellschaft denken: So, wie wir hier leben, ist es ideal und jeder, der hierherkommt, muss sich anpassen!

Die zwischenmenschliche Distanz und das individualistische Leben hierzulande sind für den Kulturkreis, aus dem ich komme, aber oft nicht attraktiv. Viele Orientalen vermissen den engen sozialen Zusammenhalt und das Gemeinschaftsgefühl, das auch ich aus meiner Heimat kenne.

Auch die frustrierende Erfahrung, dass vor dem Gesetz zwar alle Menschen gleich sind, aber in der Praxis Vermieter, Nachbarn oder Beamte in Behörden unfreundlich oder sogar diskriminierend sein können, kann dazu führen, dass sich Menschen abschotten: »Warum sollte ich mich zu einer Gesellschaft zugehörig fühlen, die es mir so schwer macht, und in der ich sowieso nie ankommen werde?«, fragen sich manche und geben ihre Integrations-Anstrengungen auf. Der Aussage »Egal, wie sehr ich mich anstrenge, ich werde nicht als Teil der deutschen Gesellschaft anerkannt« stimmt laut einer Studie aus dem Jahr 2016 etwas mehr als die Hälfte der befragten Türkeistämmigen zu – ebenso wie der Aussage »Als Türkeistämmiger fühle ich mich als Bürger zweiter Klasse«.[62] Wer sich von der Gesellschaft abgelehnt fühlt, klammert sich an seine Wurzeln – sei es die Religion, die Großfamilie oder die Nation, aus der er kam. Dies sorgt dafür, dass es zu Loyalitätskonflikten kommen kann.

Besonders drei Konfliktfelder können zum Problem werden: 1. Wenn Migranten mehr Loyalität zur muslimischen Gemeinschaft als zur nichtmuslimischen Mehrheitsgesellschaft empfinden. 2. Wenn ihnen die Loyalität zur Großfamilie so wichtig ist, dass sie bereit sind, sich dafür über staatliche Gesetze hinwegzusetzen. Und 3. Wenn ihre Loyalität dem Herkunfts- und nicht dem Aufnahmeland gilt.

Religiös motivierte Abschottung: Mehr Loyalität zur muslimischen Gemeinschaft als zur nichtmuslimischen Mehrheitsgesellschaft

Bevor der Imam die Gläubigen in der Moschee zum Gebet ruft, sagt er zu ihnen: »Steht zusammen!« Beim gemeinsamen Gebet sollte man so dicht nebeneinanderstehen, dass keine Handbreit zwischen die Beter passt. Die Fußzehen und Schultern des einen sollten jeweils die Fußzehen und Schultern des nächsten berühren. Für mich ist dieses Bild der eng zusammenstehenden Gläubigen ein Sinnbild für die muslimische Gemeinschaft, die auf Arabisch *umma* genannt wird. »Ein Gläubiger ist für den anderen Gläubigen wie ein Gebäude«, heißt es in einem Hadith.[i] Je dichter die Steine beieinander sind, desto fester steht ein Haus. Dieses Aufgehobensein in der *umma*, dieses Gemeinschaftsgefühl, ist für viele Muslime höchst attraktiv. Dagegen gibt es nichts einzuwenden.

---

i Vgl. auch Sure 61,5.

Problematisch ist, wenn sich eine religiöse Gemeinschaft gegenüber anderen abgrenzt oder sogar auf sie herabschaut. Wenn aus Andersgläubigen Ungläubige werden, von denen man sich fernhalten sollte.

In Sure 3,110 heißt es: »Ihr seid die beste Gemeinschaft, die unter den Menschen entstanden ist. Ihr gebietet das Rechte und verbietet das Verwerfliche und glaubt an Allah. Und wenn die Leute der Schrift glauben würden, wäre es wahrlich besser für sie. Unter ihnen gibt es Gläubige, aber die meisten von ihnen sind Frevler.« Nicht nur extremistische Muslime, sondern auch manch andere sind der Überzeugung, zur besten Gemeinschaft zu gehören und Andersgläubigen überlegen zu sein.

Wie Mouez Khalfaoui aufzeigt, hat der islamische Überlegenheitsanspruch seinen Ursprung im Koran. Der oben genannte Vers und Sure 2,47 spielten eine wichtige Rolle, weil in ihnen die Besonderheit der muslimischen Gemeinschaft betont wird, so Khalfaoui. Die koranische Betonung der Überlegenheit des Islams und der Muslime habe in der Geschichte zur Bevorzugung der Muslime in fast allen Lebensbereichen gesorgt. Erst durch militärische Niederlagen, die Modernisierung und die Migration nach Europa habe sich gezeigt, dass der alte Überlegenheitsanspruch nicht »der Komplexität moderner demokratischer Gesellschaften entspricht«. Deshalb müsse nach passenderen und zeitgemäßeren Auslegungen des Korans gesucht werden, wie das auch mehrere muslimische Intellektuelle machten.

Auch aus meiner Sicht spricht nichts dagegen, einen Wahrheitsanspruch zu haben, also zu glauben, dass man auf dem richtigen, gottgefälligen Weg ist. Aber diese Überzeugung darf nicht zu Hochmut und Verachtung gegenüber Andersgläubigen führen.

Ich bin als Kind und Jugendlicher mit den Predigten des ägyptischen Gelehrten Muhammad al-Sha'rawi (1911–1998) aufgewachsen. Er war zu seinen Lebzeiten einer der bekanntesten und erfolgreichsten islamischen Prediger. Normalerweise war in unserer Familie der Fernseher ein moralisch verwerfliches Gerät, es galt als verboten, als »haram«. Das Einzige, was wir anschauen durften, waren die Freitagspredigten Sha'rawis. Dort hörte ich, dass die »Leute des Buches« – also Juden und Christen – sich nicht waschen, in unehelichen Beziehungen leben, Alkohol trinken und Schweinefleisch essen. Außerdem behauptete Sha'rawi allen Ernstes, dass die Franzosen, die Algerien besetzt hatten, in ihren Häusern dort keine Toiletten hätten. Die Franzosen seien unter freiem Himmel zur Toilette gegangen und hätten sich nur alle 20 Tage in den öffentlichen Bädern der Städte gewaschen. Die Muslime dagegen seien sauber und hätten eigene Badezimmer in ihren Häusern.[63] Kein Wunder, dass ich, nachdem ich solche Predigten massenweise gehört und verinnerlicht hatte, einen Ekel, ja, eine Abscheu gegenüber Christen hatte.

Vor einigen Jahren war ich gemeinsam mit einem arabischen Freund auf dem Großmarkt einer süddeutschen Stadt. Wir unterhielten uns auf Arabisch und wollten bei einem Verkäufer ein paar Oliven kaufen. Der syrische Händler sagte zu uns: »Wartet!«, ging in den hinteren Bereich des Ladens und holte von dort besonders gute Oliven. Da wir Arabisch sprachen, ging er davon aus, dass wir wie er Muslime waren, und sagte zu uns: »Hier bekommt ihr die besseren Oliven, die schlechten da vorne sind für die ungläubigen Deutschen.« Gott sei Dank denken nicht alle so wie dieser Olivenhändler. Auch bei ihm zeigte sich dieses abfällige Denken über die »Ungläubigen«, das ich aus meiner früheren Prägung kenne.

Wenn Kinder – ebenso wie ich damals – lernen, dass sie besser als »die Ungläubigen« sind und es nach dem Tod keine Hoffnung für Christen und Juden gibt, dann macht das etwas mit ihnen. All das erschwert Begegnung und sortiert in Gläubige und Ungläubige. Natürlich ist es wichtig, dass die Mehrheitsgesellschaft Migranten aufnimmt, aber eine Offenheit zur Integration muss von beiden Seiten kommen. Nicht wenige Muslime grenzen sich innerlich klar ab von der Mehrheitsgesellschaft und tragen diese Haltung ganz bewusst nach außen durch ihre Kleidung, ihre religiös geprägte Sprache und ihr Verhalten. Selbstverständlich ist es in einer freiheitlichen Gesellschaft grundsätzlich erlaubt und nicht per se anrüchig, sich anders zu kleiden, anders zu reden oder sich anders zu verhalten als die meisten. Problematisch wird es, wenn die Andersartigkeit Ausdruck einer inneren Distanzierung ist, die den anderen nicht respektiert. Muslime mit einer solchen Haltung der religiös motivierten Überheblichkeit sehen keinen Grund, warum sie sich in eine »ungläubige« Gesellschaft integrieren sollten. Sie stehen in einem Loyalitätskonflikt zwischen ihrem Glauben und der Gesellschaft. Wenn aber jemand in dieser Gesellschaft leben möchte, dann darf es nicht sein, dass er seinen Nachbarn verachtet, nur weil der in seinen Augen »ungläubig« ist.

Zum Glück gibt es viele Muslime, die nicht so denken und ihren Kindern eine wertschätzende und tolerante Haltung gegenüber anderen Religionen beibringen. Dies ist sehr wertvoll und wichtig für unser Zusammenleben.

Wer in sich selbst und seinem Glauben ruht, muss sich nicht abgrenzen, sondern kann sich angstfrei für andere öffnen. Solche in ihrer Identität gefestigten Muslime können anderen Muslimen, die die Welt in Gläubige und Ungläubige einteilen, helfen, zu einer religiös begründeten Wertschätzung von Andersgläubigen und zu einem »Ja« zur Integration zu finden.

Ich kannte eine sudanesische Familie aus Stuttgart, die ihre Tochter und ihren Sohn im Alter von etwa zehn und elf Jahren für einige Jahre in den Sudan zur dortigen Großfamilie schickte. Sie wollten, dass ihre Kinder eine religiöse Identität bekommen, die sie vor den »verdorbenen« Einflüssen der westlichen Gesellschaft schützt. Dies ist kein Einzelfall: Als ich vor einiger Zeit in den Libanon flog, saß neben mir ein Junge, der höchstens zehn Jahre alt war. Er reiste gemeinsam mit Verwandten nach Beirut. Offensichtlich war er zum ersten Mal in einem Flieger, beim Start krallten sich seine Hände in den Sitz. Als die Stewardess das Essen brachte, erkundigte er sich sofort, ob das Essen halal ist und sagte: »Bismillah« – »im Namen Gottes«, bevor er aß. Es beeindruckte mich, dass er sich in seinem relativ jungen Alter bereits so konsequent nach seinem Glauben verhielt.

Er erklärte mir, dass seine Familie, die in Deutschland wohnt, ihn zu seiner Verwandtschaft in den Libanon schickt, damit er dort eine gute Erziehung erhält. Ich fragte ihn, warum er gerade jetzt nach Beirut geht, in einer Zeit, in der viele Menschen versuchen, das Land zu verlassen. Obwohl er über die Ereignisse informiert war, freute er sich trotzdem auf das Leben im Libanon. In mir machte sich eine Traurigkeit breit, dass man ein zehnjähriges Kind von seinen Eltern trennt und zur Großfamilie schickt. Ich fühlte etwas von dem Schmerz, den ich damals empfand, als mein Vater mich mit acht Jahren in die Koranschule in der sudanesischen Wüste brachte und mich erst zwei Jahre später wieder abholte.

Solche Geschichten bekomme ich öfters mit. Sie erschrecken mich: Eltern nehmen in Kauf, dass ihre Kinder eine schlechtere Bildung und weniger berufliche Möglichkeiten erhalten, weil es ihnen wichtiger ist, dass ihr Nachwuchs religiös-konservativ erzogen und den westlichen Einflüssen entzogen wird. Diese Praxis zeigt glasklar, wie solche Eltern zur deutschen Gesellschaft stehen: Mit einer solchen Meinung, die davon ausgeht, dass ihre Kinder in Deutschland verdorben werden und schlechter aufwachsen als im Herkunftsland, ist eine Öffnung für dieses Land und seine Werte unmöglich.

Viele fliegen nur in den Schulferien zur Familie in der Heimat – nicht nur um Verwandte wiederzusehen, sondern auch als Teil der Erziehung, um die islamische Identität ihrer Kinder zu stärken. Auch das kann desintegrativ wirken. Doch nicht nur neu zugewanderte Menschen, sondern auch junge Muslime, die hier geboren sind, fühlen sich oft zwischen zwei Welten hin- und hergerissen. Dies liegt meistens daran, dass sie von der Mehrheitsgesellschaft als »anders« wahrgenommen werden. Erlebnisse der tatsächlichen oder auch nur subjektiv wahrgenommenen Diskriminierung können dafür sorgen, dass sie sich ebenfalls abschotten, was eine Radikalisierung befördern kann. Denn Salafisten und andere gut organisierte, streng religiöse Gruppen nutzen diese Frustrationserfahrungen, um junge Muslime für ihre Überzeugungen zu gewinnen. Sie laden sie in ihre Moscheen oder Wohnzimmer ein und bieten ihnen das ersehnte Wir-Gefühl: Hier schaut keiner, wer am besten Deutsch spricht oder die besten beruflichen Leistungen bringt, sondern wer am frömmsten und gottesfürchtigsten lebt.

Salafisten tragen aktiv zur Abgrenzung junger Muslime von der Mehrheitsgesellschaft bei. Manche raten sogar ganz offen von Freundschaften mit Ungläubigen ab, wie beispielsweise der salafistische Prediger Abul Baraa in einem Video.[64]

Der Clan: Mehr Loyalität zur Familie als zu staatlichen Gesetzen

Weil orientalische Gesellschaften tendenziell kollektivistisch sind und niemand für sich allein lebt, werden sie häufig von Großfamilien, sogenannten Clans, dominiert. Ich selbst stamme aus einem bekannten Clan im Sudan und habe das enge Zusammenleben in der Großfamilie vor allem positiv erlebt: Ich wusste, dass mein Großvater sein Leben für mich opfern würde, wenn es hart auf hart kommt. Ich konnte ihm vollkommen vertrauen und habe sein Handeln nie infrage gestellt, weil ich wusste, dass er das Beste für mich und die Familie will. Andersherum hätte auch ich alles für die Familie getan. Das Zusammengehörigkeitsgefühl war unglaublich stark.

Neben den kulturellen Gründen ist der enge Zusammenhalt eines Clans, Stammes oder einer Großfamilie auch eine Überlebensstrategie in einer Gesellschaft, in der man nur gemeinsam überleben kann bei einer schwachen Justiz, nicht funktionierenden Strafverfolgungsbehörden und einem nicht vorhandenen Wohlfahrtssystem. In Europa ist es auch ohne Clanzugehörigkeit möglich, zu überleben. Und es ist gut, dass jedes Individuum die Freiheit hat, seinen eigenen Weg zu wählen. Leider sind Zuwanderer aus dem orientalischen Kulturkreis oft noch so eng mit ihren Herkunftsländern und ihrer dort lebenden Großfamilie verbunden, dass sie diese Freiheit für sich nicht sehen. Die starke Bindung zum Clan in der Heimat kann für sie zu Loyalitätskonflikten und Integrationsproblemen führen.

Noch problematischer ist es, wenn Teile der in Deutschland lebenden Clans bzw. einige »schwarze Schafe« unter den Mitgliedern der Clans den Rechtsstaat missachten und Straftaten begehen, um sich zu bereichern. Dann brechen einzelne aus Loyalität zur Großfamilie Gesetze. Spätestens nach dem spektakulären Raub der Juwelen im Grünen Gewölbe in Dresden, der von Angehörigen des Berliner Remmo-Clans begangen wurde, ist in Deutschland »Clan-Kriminalität« ein allgemein bekanntes Problem. Damals hatten zwei Männer mehrere barocke Schmuckstücke aus Gold, Diamanten und Brillanten von kaum messbarem Wert erbeutet. Die Ermittler sind überzeugt, dass der Einbruch auf das Konto des Remmo-Clans geht, der auch für Straftaten wie den Diebstahl einer 100 Kilogramm schweren Goldmünze aus dem Berliner Bode-Museum 2017 verantwortlich gemacht wird.

Für das Jahr 2023 hat das Landeskriminalamt Nordrhein-Westfalen nach eigenen Angaben 4200 Tatverdächtige aus türkisch-arabischen Clans identifiziert, die dem Bericht nach für rund 7000 Straftaten verantwortlich sind. Unter den Straftaten sind 1200 Taten dem Bereich der Schweren Kriminalität zuzuordnen, wie Körperverletzung, Raub oder Schutzgelderpressung und 10 Tötungsdelikte.[65] Die Statistik zeigt deutlich, dass die Probleme, die von Teilen dieser Clans ausgehen, sehr ernst genommen werden müssen.

An Ideen, Clan-Kriminalität zu bekämpfen, mangelt es nicht: Nordrhein-Westfalen hat beispielsweise ein Aussteigerprogramm für Kinder und Jugendliche gestartet und die CDU Neukölln ein Konzept zur Bekämpfung der Clan-Kriminalität vorgelegt (#Clansstoppen). In dem Konzept fordert sie, Straftaten im Umfeld krimineller Großfamilien grundsätzlich als bandenmäßige Delikte zu definieren, was das Strafmaß erhöht. Eine andere Forderung ist, abgeschöpftes kriminelles Vermögen grundsätzlich zur Strafverfolgung von Clans und für soziale Projekte in der Jugendhilfe zu verwenden. Auch wenn 2023 die damalige Bundesinnenministerin Nancy Faeser (SPD) eine »Allianz gegen Clankriminalität«

angekündigt hatte, ist meines Wissens immer noch nicht klar, wie diese konkret aussieht und was sie bewirken soll. Dabei braucht es dringend ein konsequentes, einheitliches Vorgehen gegen Clan-Kriminalität und eine engere Zusammenarbeit zwischen Bund und Ländern.

Nationalismus: Größere Loyalität zum Herkunfts- als zum Aufnahmeland

Frömmigkeit, die sich über andere erhebt, Familien, deren Befehle wichtiger sind als die Regeln eines Landes – solche Loyalitäten schaden der Integration und dem Miteinander in unserem Land und verhindern das Ankommen in Deutschland. Bei der Studie »Muslimisches Leben in Deutschland« gaben insgesamt 16,4 Prozent der Zuwanderer aus muslimisch geprägten Herkunftsländern an, dass ihre Verbundenheit mit dem Herkunftsland stärker ist als mit Deutschland; 36,9 Prozent empfinden eine gleiche Verbundenheit zu beiden Ländern. Für die Türkei sind die Werte noch höher: Jeder fünfte Zuwanderer fühlt sich stärker mit der Türkei verbunden als mit Deutschland. 40 Prozent fühlen sich beiden Ländern gleich nah.[66] Sich seinem Herkunftsland zugehörig zu fühlen ist an sich kein Problem. Wenn die Werte des Herkunftslandes allerdings im Widerspruch zu den Werten des Aufnahmelandes stehen, können Zuwanderer in einen Loyalitätskonflikt kommen.

Bei der türkischen Präsidentenwahl im Mai 2023 haben etwas mehr als zwei Drittel der Türken, die in Deutschland gewählt haben, für Erdoğan gestimmt und damit für einen Machthaber, der die Grundrechte vieler Bürger seines Landes einschränkt. Mehr als in der Türkei selbst, wo er im zweiten

Wahlgang 52 Prozent der Stimmen erhielt. Natürlich muss man beachten, dass damals nur rund die Hälfte der 1,51 Millionen Wahlberechtigten überhaupt ihre Stimme abgegeben hat. Das bedeutet, dass zwei Drittel der türkischen Wahlberechtigten in Deutschland nicht wählen gingen oder den Gegenkandidaten Erdoğans gewählt haben.[67] Andere türkischstämmige Menschen durften nicht wählen, weil sie nur die deutsche Staatsbürgerschaft besitzen. Dennoch ist für mich verwunderlich, dass eine beachtliche Zahl von Deutschtürken bedingungslos zu einem türkischen Präsidenten hält. Woran liegt das?

Ein Grund ist sicherlich, dass Nationalismus hilft, sich selbst und die eigene Volksgruppe aufzuwerten – vor allem, wenn Deutschtürken die Bestätigung in der deutschen Gesellschaft nicht erhalten. Hinzu kommt, dass türkischstämmige Menschen, die in Deutschland wählen, viele negative Folgen von Erdoğans Politik, wie Repression, Wirtschaftskrise und Inflation, nicht direkt zu spüren bekommen. Außerdem stammen die türkischen Gastarbeiter, die in den 1960er-Jahren nach Deutschland kamen, vor allem aus dem konservativ-religiösen Unterschichtsmilieu vom Land. Und wer konservativ sei, stimme eben für Erdoğan, wird Yunus Ulusoy, Programmleiter bei der Stiftung Zentrum für Türkeistudien und Integrationsforschung, in einem Artikel zitiert.[68] Trotzdem wünsche ich mir, dass sich noch mehr von ihnen abgrenzen und sagen: »Deutschland ist nun mein Zuhause, wir haben mit der Politik in der Türkei nichts mehr zu tun.«

Kritisch sehe ich die vielen Konflikte, die durch die Politik des türkischen Präsidenten nach Deutschland gebracht werden. Mein Sohn erlebte in seiner Klasse, wie türkische Schüler ihre kurdischen Klassenkameraden mobbten. Eine andere türkische Familie, deren Mitglieder als Anhänger des Predigers Fethullah Gülen nach Baden-Württemberg fliehen mussten, weil sie in der Türkei als »Terroristen« gelten, traut sich nicht, die Ditib-Moschee ihres Ortes zu besuchen – aus Angst, dass ihre Namen und ihr Aufenthaltsort dem Geheimdienst gemeldet werden.

Nicht nur bei Deutschtürken, sondern auch bei Migranten anderer Herkunft, die in Deutschland leben, kann es problematische Loyalitäten zu den Herkunftsländern geben, die einer Integration im Weg stehen. Aus diesem Grund bin ich dagegen, einen Automatismus daraus zu machen, doppelte Staatsbürgerschaften zu leicht zu gewähren. Ich denke, es hilft bei der Integration, wenn sich Menschen klar für das Land entscheiden müssen, in dem sie nun leben. Ohne Hintertür. Einfach, indem sie einen Pass abgeben.

Teufelskreis Parallelgesellschaften

In der Studie »Muslimisches Leben in Deutschland 2020« (MLD) wird ersichtlich, dass sich mehr als die Hälfte der muslimischen Zuwanderer mehr Kontakt zu Personen deutscher Herkunft wünscht. Auch in der zweiten Generation der Zuwanderer wünscht sich ein Fünftel der Befragten mehr Kontakt zur Mehrheitsgesellschaft.[69]

In einer Studie unter Türkeistämmigen Menschen wünschen sich zwei Drittel der Befragten mehr Kontakt zu Deutschen, vor allem diejenigen, die bisher wenig Kontakt haben.[70] Der Wunsch nach Kontakt ist da. Aber Kontakt wird erschwert, wenn es in der Nachbarschaft gar keine Herkunftsdeutschen gibt.

Günstige Wohnungen oder Sozialwohnungen finden sich vermehrt in Gebieten mit einem hohen Anteil an ausländischen Menschen oder Menschen mit Migrationshintergrund. Wenn diese eine Wohnung in anderen Vierteln suchen, sind sie oft im Nachteil, weil Vermieter Mieter ohne Migrationshintergrund bevorzugen. Oder sie können sich die Wohnungen in anderen Vierteln teils schlicht nicht leisten. Nur jede zehnte Person, die in einem Wohnviertel wohnt, das durch ausländische Bevölkerung geprägt ist, wünscht sich das auch, so die Studie. Zwei von drei Bewohnern möchten ausgeglichene Verhältnisse und knapp ein Viertel wünscht sich mehrheitlich Deutsche in der Nachbarschaft.[71]

Parallelgesellschaften sind ein großer Integrationskiller. Wir können nicht Parallelgesellschaften zulassen und gleichzeitig Integration fordern. Damit Integration möglich ist, müssen Herkunftsdeutsche im Quartier in der Mehrheit sein. Es kann für Migranten bequem sein, wenn sie untereinander wohnen, ihre Supermärkte haben und bei Friseuren und Ärzten ihre Sprache sprechen können, aber nicht gut für die Gesellschaft, wenn die dort lebenden Menschen kaum mit der Mehrheitsbevölkerung in Kontakt kommen. Und wie die obigen Umfragen zeigen, ist dies auch vonseiten der Migranten mehrheitlich nicht erwünscht. In solchen Stadtteilen verpuffen Integrationsprogramme, wie die Luft aus einem Ballon, der ein Loch hat. Egal, ob man ständig Luft in ihn reinbläst, man wird sich immer fragen, wo diese geblieben ist.

Doch zunehmende Parallelgesellschaften müssen nicht die einzige Option sein. Ein wunderbares Beispiel gelingenden Zusammenlebens sind die »Hoffnungshäuser« in Baden-Württemberg, die 2016 von der christlichen Hoffnungsträger Stiftung gegründet wurden. In den mittlerweile 33 Häusern und insgesamt mehr als 230 Wohnungen an elf Standorten leben Einheimische und Einwanderer, Familien, Paare und

Alleinstehende Tür an Tür und teilen ihren Alltag. Jeder hat seine eigene Wohnung, aber Gemeinschaftsräume und ein Raum für Sprachkurse und ein Garten sowie gemeinsam genutzte Balkone sorgen für viel Begegnung. Das Konzept sieht vor, dass die Einheimischen, die in den Hoffnungshäusern leben, ihren neu zugewanderten Nachbarinnen und Nachbarn bei vielen Alltagsfragen ein Gegenüber sind.[72]

Migranten haben die Chance, sich auf einen der begehrten Plätze zu bewerben. Bereits vor dem Unterzeichnen des Mietvertrags wird klar, dass die Bewohner die Gemeinschaft der Hoffnungshäuser aktiv mitgestalten sollen. Eine solche gemeinsame Grundlage erleichtert das interkulturelle gemeinsame Wohnen im Mehrgenerationenhaus. Und dann geschieht Begegnung: bei der Gartenpflege, beim Schachspielen, beim Kochen und Essen, beim Hausaufgabenmachen, beim Feiern und Kennenlernen religiöser Feste, beim Reden und Lachen.

Ziel ist, dass sowohl Einheimische als auch neu Zugezogene von dem Zusammenleben profitieren: Migranten kommen in ein wohlgesinntes Umfeld und früh in Kontakt mit dem realen Leben in Deutschland – und Einheimische werden durch die kulturelle Vielfalt und durch herzliche Beziehungen bereichert. Solche Häuser der privaten Initiative mit ihren bisher rund 750 Bewohnern machen ihrem Namen alle Ehre: Sie geben »Hoffnung«, dass ein Zusammenleben gelingen und gewinnbringend sein kann.

Wer Integration befördern möchte, muss auch in der Kita- und Schulpolitik gegensteuern: Bereits in Kitas beginnt das Problem: Wie sollen Kitakinder mit Migrationshintergrund gut Deutsch sprechen lernen, wenn die meisten anderen Kinder in ihrer Gruppe die deutsche Sprache ebenfalls nicht beherrschen? Im Jahr 2021 besuchte ein Drittel der unter Dreijährigen mit nichtdeutscher Familiensprache und fast jedes vierte Kind im Kindergartenalter eine Einrichtung, in der mindestens die Hälfte der Kinder eine nichtdeutsche Herkunftssprache sprechen. In den Stadtstaaten betrifft dies mehr als die Hälfte der Kinder mit nichtdeutscher Familiensprache, in Bremen sogar bis zu zwei Drittel. Die Folge: Die Kinder haben weniger Möglichkeiten, Deutsch zu sprechen, zu hören und zu lernen, was sich dann wieder auf den schulischen Erfolg auswirkt, wie der Sachverständigenrat für Integration und Migration in einem Dossier darlegt. Hinzu kommt, dass nur 78 Prozent der Kinder mit Migrationshintergrund überhaupt einen Kindergarten besuchen.[73]

Ähnlich sieht es in den Schulen aus: Das durchschnittliche Kompetenzniveau von Kindern und Jugendlichen mit Migrationshintergrund liegt weiterhin unter dem von Gleichaltrigen ohne Migrationshintergrund. Grund hierfür ist vor allem die Tatsache, dass Jungen und Mädchen mit Migrationshintergrund seltener in der Familie Deutsch sprechen, häufiger aus sozial benachteiligten Familienverhältnissen kommen und dort oft nicht die gleiche Unterstützung erfahren wie viele Gleichaltrige ohne Migrationshintergrund. Hinzu kommt auch hier eine Segregation in Klassenzimmern, was zu einem niedrigeren Lernniveau führen kann. Das hat zur Folge, dass Kinder und Jugendliche mit Migrationshintergrund seltener ein Gymnasium besuchen und häufiger eine Hauptschule als Kinder ohne Migrationshintergrund.[74]

Hier kann nur eine intensivere Sprachförderung von Anfang an helfen, wie ich es bereits im vorherigen Kapitel dargelegt habe. Aber zusätzlich dazu ist es meiner Meinung nach immer noch sinnvoll, bei »Brennpunktschulen« über eine »Migrationsquote« nachzudenken, auch wenn Vorstöße dazu bisher heftig kritisiert wurden.[75]

Gemeint ist, dass darauf geachtet wird, dass nicht zu viele Kinder pro Klasse einen Migrationshintergrund haben. Oft ist von einer Obergrenze von etwa 35 Prozent die Rede. Sind es mehr als die vorgegebene Quote, werden Kinder, die sich mit Deutsch noch schwertun, auf andere Klassen bzw. Schulen aufgeteilt, damit sie die Chance haben, im Gespräch mit muttersprachlichen Kindern ihr Deutsch zu verbessern.

Generell halte ich es für sinnvoll, dass Städte und Kommunen Migrantenkinder mit Deutschdefiziten zu einem gleichen Prozentsatz auf ihre Einrichtungen verteilen – auch wenn das bedeuten kann, dass ein Kind nicht in die »Brennpunktschule« um die Ecke geht, sondern ein paar Kilometer weiter die Schule besucht. Nur so haben tatsächlich alle Kinder dieselben Bildungschancen und findet Integration statt Separation statt.

Loyalität zu Deutschland fördern

Jeder Muslim muss sich entscheiden, ob er zu Deutschland gehören will. Und die Gesellschaft sollte zeigen, dass es sehr wohl möglich ist, Muslimsein und Deutschsein auf eine positive Art und Weise zu verbinden und miteinander in gegenseitiger Achtung und Wertschätzung zu leben.

Türkischstämmige Menschen sollten sich überlegen: Will ich dem Präsidenten meines Heimatlandes die Treue halten oder mich zu einem Land bekennen, das mir unendlich viele Möglichkeiten bietet? Und Deutschland könnte die Loyalität zu diesem wunderbaren Land auch aktiv fördern, indem es Einbürgerungen feiert! Wie wäre es mit jährlichen Zeremonien in Rathäusern oder Stadthallen, bei denen Menschen, die sich einbürgern lassen wollen, vor Publikum erzählen, warum sie Deutsche werden möchten, wo alle gemeinsam die Nationalhymne singen und die Bühne mit deutschen Flaggen geschmückt ist? Eine Einbürgerung sollte etwas Feierliches, Emotionales sein. In Baden-Württemberg gibt es eine jährliche Einbürgerungsfeier im Neuen Schloss in Stuttgart. Solche Feierlichkeiten sollten an vielen Orten angeboten werden. Dadurch könnten wir die positiven Beispiele gut integrierter Menschen würdigen und bekannt machen, damit sie auch Strahlkraft für andere haben und jeder Neuankömmling sagt: Ja, so integriert wie diese Person möchte ich auch sein. Meine eigene Einbürgerung war ein reiner Bürokratieakt – eine vergebene Chance, das Zugehörigkeitsgefühl zu diesem Land zu stärken.

Apropos Flaggen und Nationalhymne: Es ist schade, wenn wir die deutsche Flagge nur auspacken, wenn Fußballweltmeisterschaft ist. Ich verstehe nicht, warum man erst Rechtsextremist werden muss, um sich ohne Scheu zur deutschen Flagge bekennen zu können. Wir müssen aufpassen, dass wir nicht überreagieren mit einer Verachtung unseres Landes und seiner Symbole. Enrico Brissa, der bis 2023 Protokollchef des Bundestages war, fordert in seinem Buch »Flagge zeigen« ein klares Bekenntnis zur Nationalflagge und der -hymne. Ich schließe mich ihm an.

Wir Migranten kommen aus Ländern, in denen wir uns seit Jahren bekriegen und aus denen nur wenige Nobelpreisträger oder Erfindungen stammen. Trotzdem sind wir stolz auf unser Land. Für uns ist Stolz etwas Positives. Doch hier in Deutschland, wo man alle Gründe hat, stolz auf sein Land und auf weite Strecken seiner Geschichte zu sein – natürlich nicht auf die Jahre zwischen 1914 und 1918 sowie 1933 und 1945 –, ist man es nicht. In einem Land, in dem ein Volk, das verfeindet war, nun vereint zusammenlebt, in einem Land der

Dichter und Denker ist niemand stolz auf das, was Menschen hier geschafft haben. Was muss noch geschehen, dass Deutsche einen gesunden Patriotismus entwickeln?

Wenn die Liebe zur Heimat fehlt, ist es auch für Einwanderer schwer, sich zu integrieren. Wohinein sollen sie sich denn integrieren? Wie sollen sie etwas attraktiv finden, das viele Einheimische scheinbar selbst verpönen? Statt in Integrationskursen und Schulen nur die dunkle Geschichte des Dritten Reiches nachzuzeichnen, sollten wir das komplette Bild unserer Geschichte zeigen, natürlich ohne Negatives zu relativieren. Wir sollten den Migranten erklären, dass es diese sehr dunkle Zeit gab, aber dass diese Zeit nicht das Einzige der deutschen Geschichte und Kultur ist. Genauso gehören die wunderschöne Musik eines jüdischstämmigen Felix Mendelssohn-Bartholdy oder eines Johann Sebastian Bach dazu. Auch die große Philosophie eines Immanuel Kant oder eines Georg Wilhelm Friedrich Hegel oder die beeindruckende Lyrik eines Johann Wolfgang von Goethe oder Friedrich Schiller machen Deutschland aus. Dazu zählen auch zahlreiche Wissenschaftler und Erfinder im naturwissenschaftlichen und technischen Bereich wie Johannes Kepler, Albert Einstein oder Gottlieb Daimler und Wilhelm Maybach. Zusammenhalt einer Gesellschaft ist nur möglich, wenn ein Wir-Gefühl entsteht und es gemeinsame Werte gibt, die für diesen Zusammenhalt sorgen.

9.

Der politische Islam und sein Machtanspruch

Nicht selten wird im Westen davon ausgegangen, dass der politische Islam innerhalb des heutigen Islams eine Randerscheinung ist. Doch das stimmt nicht: In fast zwei Drittel der Staaten, in denen Muslime die Mehrheit bilden, ist das Schariarecht ein Teil des Rechtssystems, worauf der Sozialwissenschaftler Ruud Koopmans in seinem Buch »Das verfallene Haus des Islam« hinweist.[76] In 13 Ländern basiert das Rechtssystem sogar weitgehend oder vollständig auf der Scharia. In weiteren 16 Ländern ist das Strafrecht zwar säkular geprägt, aber die Scharia eine Grundlage für das Familienrecht. In einem Familienrecht nach der traditionell ausgelegten Scharia finden sich Diskriminierungen von Frauen, wie zum Beispiel, dass die Frau nur die Hälfte im Vergleich zu einem Mann erbt oder dass es für eine Frau wesentlich schwerer ist, sich scheiden zu lassen als für einen Mann.

Was es bedeutet, dass ein Land sich in seiner Gesetzgebung an der Scharia orientiert, ist in der Rechtspraxis sehr unterschiedlich. Einige islamische Länder haben die rechtliche Stellung der Frau vor allem im Scheidungs- und Kindschaftssorgerecht verbessert und das Mindestheiratsalter von Mädchen und Jungen hinaufgesetzt.

Trotz dieser Unterschiede im Umgang mit dem islamischen Recht gibt es einen Trend: Frauen, Andersdenkende, Andersgläubige sowie Homosexuelle werden in ihren Freiheiten beschränkt oder diskriminiert, und das auch in islamisch geprägten Ländern, die sich nicht explizit auf die Scharia berufen. Über diese Ideologie der Ungleichwertigkeit von Menschen müssen wir sprechen.

Kriminalisierung von Homosexualität

Homosexualität gilt als eine der größten Sünden im Islam. Alle vier sunnitischen Rechtsschulen sind sich einig, dass sie mit dem Tod bestraft werden muss. Aus diesem Grund steht in elf Ländern mit islamischer Mehrheitsbevölkerung auf Homosexualität die Todesstrafe. Auch in islamischen Gesellschaften, in denen es offiziell keine Strafe für Homosexualität gibt, ist diese ein absolutes Tabu. Gleichgeschlechtlich empfindende Menschen verschweigen deshalb oft ihre Neigung oder leben ein Doppelleben, um den Schein zu wahren. Dabei gibt es im Koran kein dezidiertes Verbot der Homosexualität. Als koranische Begründung ziehen viele islamische Theologen die Geschichte des Propheten Lot heran, der auch im Islam als Neffe Abrahams gilt. Er warnte sein Volk, die Sodomiter, laut Koran: »Wollt ihr euch denn mit Menschen männlichen Geschlechts abgeben und vernachlässigen, was euer Herr euch in euren Gattinnen geschaffen hat? Nein, ihr seid Leute, die sich einer Übertretung schuldig gemacht haben.«[j] Weiter heißt es, dass sich das Volk von Lot nicht warnen ließ, sodass Allah das Volk auslöschte – wodurch auch die Todesstrafe für Homosexuelle legitimiert wird.

j Sure 26,165-167. Vgl. auch Sure 27,54 und 55. Auch ein Hadith wird in manchen Fatwas zur Begründung herangezogen, wonach der islamische Prophet gesagt haben soll, dass Menschen, die nach der Sitte vom Volk Lot verfahren, getötet werden sollen. Hier stellt sich genauso wie in Sure 26 die Frage, ob damit gleichberechtigte gleichgeschlechtliche Liebe gemeint ist oder vielmehr die Vergewaltigung von Männern.

Wer sind diese Männer, die in diesen Koranversen angesprochen werden? Es sind verheiratete Männer aus Lots Volk, die dessen männliche Gäste vergewaltigen wollten. Dieses Verbrechen könnte gemeint sein, wenn von »Übertretung« die Rede ist. Hier ist aus meiner Sicht nicht von gleichberechtigter homosexueller Liebe die Rede, sondern von brutalster Gewalt.

Es sollte viel intensiver über das Thema Homosexualität im Islam diskutiert werden. Gerade im europäischen Kontext könnten Theologen das Tabu brechen und erklären, warum dieser Koranvers nicht dazu taugt, daraus ein allgemeines Verbot von Homosexualität herzuleiten, geschweige denn eine Bestrafung von Homosexuellen.

Für viele der Einwanderer ist es ein Schock, wenn sie in Europa erleben, wie Homosexualität gelebt wird, Paare sogar offiziell in einer gleichgeschlechtlichen Partnerschaft oder Ehe leben und selbst Politiker und andere Prominente in aller Öffentlichkeit zu ihrer Homosexualität stehen. Auch in der Bundesrepublik stand bis 1969 männliche Homosexualität unter Strafe. Unsere Gesellschaft musste lernen und ist teilweise immer noch dabei, dass homosexuelle Menschen nicht diskriminiert werden dürfen. Aber gerade deshalb ist es wichtig, diese Werte auch gegenüber Neuzuwanderern zu thematisieren, damit wir nicht hinter unsere Fortschritte in Sachen Menschenrechte zurückfallen. Der tödliche Messerangriff auf ein schwules Paar in Dresden oder die dramatische Geschichte des libanesischstämmigen Berliners Nasser El-Ahmad sind bisher nur Einzelfälle. Aber sie sind deutliche Warnsignale, dass es auch in unserem Land Menschen gibt, die aus religiösen Gründen Homosexuellen das Lebensrecht absprechen und bereit sind, sie zu töten. Das ist alarmierend.

Ebenso alarmierend ist, wenn Flüchtlinge, die aufgrund ihrer sexuellen Neigung aus ihrem Heimatland geflohen sind, in Deutschland in Flüchtlingsheimen teilweise weiter unter Angst leben müssen, weil sie beschimpft werden, oder sogar Gewalt erleiden.[77]

Erniedrigung von Juden und Christen

Christen und Juden waren unter islamischer Herrschaft über viele Jahrhunderte Bürger zweiter Klasse, sogenannte Dhimmis. Auch wenn dieses Konzept der Zwei-Klassen-Gesellschaft in keinem islamisch geprägten Land offiziell mehr praktiziert wird, hat es bis heute seine Spuren hinterlassen.

Dhimma

Das Konzept der »Schutzbürgerschaft« (Dhimma) begründeten islamische Herrscher in der Zeit der islamischen Eroberungen mit Sure 9,29. Dieser Vers ruft zum Kampf gegen nichtmuslimische »Schriftbesitzer«, also Juden und Christen, auf, und zwar so lange, bis sie ein Strafgeld, die sogenannte Dschizya zahlen: »Kämpft gegen die, die nicht an Gott und den Jüngsten Tag glauben und nicht verbieten, was Gott und sein Gesandter verboten haben, und nicht der wahren Religion angehören von denen, die die Schrift erhalten haben, bis sie erniedrigt aus der Hand das Strafgeld zahlen.[78]

Es geht also um eine Demütigung und Bestrafung der Schriftbesitzer dafür, dass sie an ihrem Glauben festhalten und nicht den Islam annehmen. Juden, Christen und Zoroastrier galten als »Leute des Buches« und gehören aus islamischer Sicht damit zu den »erlaubten Religionen«.

Sie hatten im Unterschied zu anderen Nichtmuslimen die Möglichkeit, die Dschizya zu zahlen. Dadurch wurden ihr Leben und Eigentum geschützt. Juden ging es damals als Dhimmis rechtlich oft besser als unter christlicher Herrschaft. Gleichberechtigt waren Dhimmis allerdings nie: Sie konnten nicht den gesellschaftlichen Status eines Muslims erlangen.

Heute müssen Nichtmuslime in keinem islamischen Land mehr eine solche Strafsteuer zahlen, die Dhimma existiert offiziell nicht mehr. Und doch kann das Dhimmi-System von islamischen Extremisten schnell wieder aktiviert werden, wie sich in Mossul zeigte, als der »Islamische Staat« Christen aufforderte, die Dschizya zu zahlen, wenn sie nicht vertrieben oder getötet werden wollen. Aber auch wenn es das Dhimmi-System in keinem islamisch geprägten Land mehr gibt, existiert dort oft bis heute die Haltung, dass Christen oder andere Minderheiten Bürger zweiter Klasse sind. Auch heute sind Nichtmuslime in vielen islamischen Ländern Muslimen in manchen Bereichen nicht gleichgestellt.

Ein Freund von mir ist Pastor in Schweden. Er kommt ursprünglich aus Ägypten. Seine Eltern gaben ihm bei seiner Geburt bewusst einen neutralen Namen, der sowohl bei Christen als auch bei Muslimen geläufig ist, damit er es als koptischer Christ leichter in der ägyptischen Gesellschaft haben sollte. Er war ein begabter Fußballspieler und sollte deshalb ins Team der ägyptischen Nationalmannschaft aufgenommen werden. Als er den dortigen Verantwortlichen vorgestellt wurde, fragten sie nach allen seinen Vornamen – dem

Vornamen seines Vaters, seines Großvaters und seines Urgroßvaters. Schließlich kam heraus, dass einer seiner Vorfahren einen christlichen Vornamen besaß. Damit hatte er sich als koptischer Christ geoutet. Er erzählte mir, dass er danach merkte, wie seine zuvor euphorischen Gesprächspartner, die ihn unbedingt in der Nationalmannschaft wollten, merklich reservierter wurden. Als sie sich dann verabschiedeten, sei ihm klar gewesen – auch wenn das nicht ausgesprochen wurde –, dass sie kein Interesse mehr an ihm hatten. Man merkt, dass es für ihn bis heute ein Trauma ist, dass wegen seiner Herkunft, für die er nichts konnte, seine Fußballkarriere jäh beendet wurde.

Aktuell gibt es meines Wissens keinen koptischen Spieler in der ägyptischen Nationalmannschaft, obwohl nach offiziellen Angaben mindestens 10 Prozent der Ägypter Kopten sind – die tatsächliche Zahl dürfte sogar noch deutlich höher sein.

Auch das Oberhaupt der Koptisch-Orthodoxen Kirche, Papst Tawadros II., bemerkte in einem Interview 2018: »Es ist seltsam, dass es in allen ägyptischen Fußballmannschaften keinen einzigen Kopten gibt, der gute Beine hat und schon als Kind auf der Straße gekickt hat.« Der Kopte Mina Bandari gründete deshalb die Fußballakademie »Je Suis«, um jungen christlichen Spielern eine Chance zu geben, sich zu verbessern.[79]

Eine große Ausnahme im Fußballgeschäft bildet Hany Ramzy, der in den Jahren 1988–2003 als christlicher Kopte 124 Spiele für Ägypten bestritt und auch bei Werder Bremen und Kaiserslautern unter Vertrag stand.

Trotz des verfassungsrechtlich gesicherten Diskriminierungsverbotes sind Nichtmuslime in Ägypten in hohen politischen Ämtern und der militärischen Führung stark unterrepräsentiert.[80] In der Türkei haben Nichtmuslime ebenso wie Muslime, die nicht sunnitisch sind, in der Praxis einen erschwerten Zugang zu einer Laufbahn im öffentlichen Dienst.[81] Viele Christen haben sich mit diesen diskriminierenden Regelungen arrangiert und daran gewöhnt. Das Zwei-Klassen-Denken scheint bis heute auch tief in ihren Köpfen zu stecken.

Scharia oder Grundgesetz in Deutschland

Auch in Deutschland wünscht sich laut einer Studie der Universität Münster[82] aus dem Jahr 2016 fast ein Drittel aller türkischstämmigen Befragten »stark« oder »eher« die Rückkehr zu einer »Gesellschaftsordnung wie zu Zeiten des Propheten Muhammads«. Sogar knapp die Hälfte (47 Prozent) der Befragten stimmt der Aussage »stark« oder »eher« zu, dass die Befolgung der Gebote ihrer Religion für sie wichtiger ist als die der Gesetze des Staates, in dem sie leben. Das ist ernüchternd und alarmierend. Schließlich handelt es sich dabei um Menschen, die hier alle Freiheiten und Grundrechte genießen. Es wird langfristig nicht möglich sein, friedlich zusammenzuleben, wenn wir ein Islamverständnis tolerieren, das sich an dem klassischen islamischen Recht und damit an einer traditionell ausgelegten Scharia orientiert. Deshalb wünsche ich mir von islamischen Theologen und anderen Vertretern des Islams in Deutschland, dass sie der Gesellschaft auf eine unmissverständliche Art und Weise versichern, dass das Grundgesetz für sie absolute Priorität hat. Islamische Geistliche haben theologisch zu begründen, warum der Wille Gottes heute anders gelebt werden kann als durch die Einführung eines traditionellen islamischen Rechtssystems und sich Regelungen der Scharia heutzutage nur noch auf die private Religionsausübung beziehen, wie beispielsweise das Gebet fünfmal am Tag Richtung Mekka, und nicht auf eine Veränderung der Politik und Gesellschaft.

Erst wenn sich islamische Theologen vollständig von dem über Jahrhunderte tradierten Denken verabschieden, das Andersgläubige als Bürger zweiter Klasse sieht, kann es echte Gleichberechtigung geben. Es braucht theologische Begründungen für Menschenrechte, Demokratie und die Trennung von Religion und Politik – und damit eine Verabschiedung von einem Islam mit politischem Machtanspruch.

Der Gebetsruf

Die vier sunnitischen Rechtsschulen sind sich einig, dass der Gebetsruf zum gemeinschaftlichen Ritualgebet in einer Moschee dazugehört. In Deutschland wird er meist im Inneren der Moschee in Zimmerlautstärke gerufen. Ein lautsprecherverstärkter Ruf zum Gebet ist keine Bedingung für ein gültiges Gebet. Viele Muslime lassen sich durch eine App auf ihrem Smartphone an das Gebet erinnern, brauchen also den Ruf des Muezzins nicht unbedingt.

Der Muezzinruf, der auf Arabisch zu hören ist, beginnt mit dem Ausruf »Allahu Akbar« (Gott ist größer bzw. am größten). Daraufhin folgt das islamische Glaubensbekenntnis, das folgendermaßen lautet: »Ich bezeuge, dass es keinen Gott außer Allah gibt und Muhammad sein Gesandter ist.« Zum Schluss folgt der eigentliche Gebetsruf. »Kommt zum Gebet!«

Als laut im öffentlichen Raum vorgetragenes islamisches Glaubensbekenntnis unterscheidet sich der Gebetsruf wesentlich von dem neutralen Klang von Kirchenglocken, die keinen Glaubensinhalt verbreiten.

Und täglich grüßt der Muezzin

Als während der Zeit des ersten Lockdowns im Frühjahr 2020 Moscheen und Kirchen wegen der Corona-Maßnahmen geschlossen waren, ertönten an vielen, auch zentralen Orten lautsprecherverstärkte Muezzinrufe von Minaretten – oft zum ersten Mal überhaupt. Die Duisburger Zentralmoschee der Türkisch-Islamischen Union (Ditib) war bundesweit die erste in der Corona-Zeit, die den Gebetsruf ertönen ließ. Der Gebetsruf begeisterte viele Muslime: So finden sich beispielsweise unter einem YouTube-Video[83], das über 280 000 Aufrufe hat und den ersten Gebetsruf vom Minarett der Zentralmoschee festgehalten hat, fast 1500 Kommentare – darunter zahlreiche Stimmen, die Gott für den Gebetsruf preisen. Ein Benutzer unter dem Pseudonym »Great Expectations« schreibt auf Türkisch, er hoffe, dass sich Deutschland zum Islam bekehrt. Dafür erhält er mehr als 150 Likes. Zahlreiche weitere Bittgebete und Wünsche, dass Deutschland und Europa islamisch werden, schließen sich an. Auf einem anderen Video ist festgehalten, wie Muslime ihre Begeisterung über den ersten lautsprecherverstärkten Gebetsruf der Neuköllner Begegnungsstätte in Berlin spontan mit »Allahu-Akbar-Rufen« kommentieren.[84] Da trotz Versammlungsverbot wegen Corona dennoch mehrere Hundert Muslime zusammenkamen, um den Muezzinruf zu feiern, verbot die Stadt daraufhin den Gebetsruf per Lautsprecher wieder.

Der deutsch-israelische Psychologe Ahmad Mansour sieht die Ausweitung des Gebetsrufs sehr kritisch. Berlin-Neukölln habe gezeigt, dass sehr viele Muslime den Gebetsruf auf eine ganz bestimmte Art interpretiert hätten. Sie hätten nicht Videos gemacht, um zu zeigen, dass die Religionsfreiheit in Deutschland gilt, sondern der Tenor der Videos sei gewesen:

»Seht mal, Deutschland ist muslimisch«, so Mansour.[85] Auch aus Spanien gibt es Videoaufnahmen, die zeigen, wie der Gebetsruf in der al-Bayyazin-Moschee in Granada nach 500 Jahren wieder laut zu hören war. Einige Kommentare unter dem Video wünschen sich »den Geist des umayyadischen Spaniens wieder zurück« oder, dass Spanien wieder muslimisch wird.[86] Es ist kein Geheimnis, dass Anhänger des politischen Islams noch immer nicht verkraftet haben, dass spanische Gebiete, die einmal muslimisch waren, im Rahmen der Reconquista im 15. Jahrhundert zurückerobert wurden.

Eine solche Geste, den Gebetsruf zuzulassen, ist ein falsch verstandenes Zeichen der Toleranz. Denn das Erlauben des Gebetsrufes hilft nicht den moderaten Muslimen, die sich integriert haben, sondern vor allem denjenigen, die sich nicht integrieren wollen und stattdessen von einer Ausweitung der islamischen Herrschaft auf Europa träumen. Sie verstehen den Gebetsruf als Machtdemonstration, als Proklamation, dass das Gebiet, in dem er zu hören ist, muslimisch ist. Ich sehe es deshalb kritisch, dass der Muezzinruf an der Ditib-Moschee in Köln dauerhaft erlaubt wurde.[87]

Einen politischen Islam zu dulden, der Toleranz als Schwäche wertet und es als Sieg verbucht, wenn der Muezzinruf in Europa zu hören ist, dient niemandem. Muslime und Nichtmuslime sollten sich gemeinsam fragen, was für ein Islamverständnis ein gutes Zusammenleben ermöglicht, und dieses fördern. Jetzt ist Zeit, darüber zu diskutieren und gemeinsam jene Kräfte zu stärken, die ein friedliches und gleichberechtigtes Miteinander zwischen Menschen unterschiedlicher Religionszugehörigkeit und Weltanschauung anstreben.

Islamische Verbände mit Kirchen gleichstellen?

Die meisten Christen sind Mitglied der beiden großen Kirchen und damit als Evangelische Kirche in Deutschland und Katholische Kirche organisiert. Diese Institutionen sind Körperschaften des öffentlichen Rechts und können daher als repräsentative Ansprechpartner für den Staat auftreten. Eine vergleichbare Struktur haben Muslime in Deutschland nicht. Die Frage ist deshalb, wer »die Muslime« in Deutschland vertritt. Blickt man auf die Mitgliederzahl mancher Verbände, dann ist diese mehr als überschaubar. So vertritt der Zentralrat der Muslime in Deutschland trotz seines vollmundigen Namens nur einen Bruchteil der Muslime – je nach Schätzung sind es nur zwischen 10 000 und 30 000.

Laut der Studie »Muslimisches Leben in Deutschland« kennen 38 Prozent der Muslime keinen einzigen der 13 abgefragten islamischen Verbände. Weitere 38 Prozent fühlen sich von einem der Verbände repräsentiert. Mehr als die Hälfte der in Deutschland lebenden Muslime sieht sich also nicht durch einen der Verbände vertreten. Immerhin knapp ein Viertel der hier lebenden Muslime sieht die Ditib, also die »Türkisch-Islamische Union der Anstalt für Religion e. V.« als ihr Sprachrohr.[88] Die Imame der Ditib werden von der türkischen Religionsbehörde in Ankara entsendet und bezahlt.

Die Politik versucht, Muslime dabei zu unterstützen, sich zu organisieren. Das Anliegen ist gut. Das Problem ist aber, dass sie sich dabei zu sehr auf die Verbände fokussiert, die eben nur rund jeden dritten Muslim repräsentieren. Außerdem haben die Verbände für mich noch nicht überzeugend gezeigt, dass sie islamistische Radikalisierungen verhindern oder die Integration von Muslimen fördern.

Viele Politiker möchten einen Islam etablieren, der mit den

Werten unseres Grundgesetzes voll kompatibel ist, fördern aber gleichzeitig islamische Verbände, deren Vertreter teilweise selbst noch nicht hier angekommen sind. Nicht wenige leben das Islamverständnis ihrer Herkunftsländer oder stehen immer noch unter deren Einfluss.

Immer wieder fordern islamische Verbände, dass sie wie die großen Kirchen als »Körperschaft des öffentlichen Rechts« anerkannt werden.[k] Dahinter steckt neben dem Wunsch, den christlichen Kirchen ebenbürtig zu sein, das Anliegen, gewisse Rechte, die mit diesem Status verbunden sind, zu erlangen: Dazu gehören beispielsweise Sonderregelungen im Arbeitsrecht, steuerliche Begünstigungen, sowie das Recht, mithilfe des Staates von den Mitgliedern eine Steuer zu erheben, die Kirchensteuer. Wer einen solchen Status bekommt, entscheiden die Behörden der jeweiligen Bundesländer. Zu den notwendigen Voraussetzungen gehören eine klare Repräsentanz und Rechtstreue und genug Mitglieder, die darauf schließen lassen, dass die Religionsgemeinschaft auch in Zukunft bestehen wird.[89]

Muslimische Verbände, die als Körperschaft des öffentlichen Rechts anerkannt werden möchten, verweisen in ihrer Argumentation auf die Gleichberechtigung mit den großen christlichen Kirchen.

Dabei übersehen sie, dass es in Deutschland auch viele kleine christliche Kirchen gibt, wie zum Beispiel evangelische Freikirchen oder ausländische christliche Gemeinden, die ebenfalls keine Körperschaft sind, sondern sich als Vereine organisieren. Nicht alle Kirchen haben also dasselbe Recht wie die beiden Großkirchen, die vor allem aus historischen Gründen gewisse Privilegien haben.

---

k Bisher haben nur die Ahmadiyya-Gemeinden in Hamburg und Hessen den Körperschaftsstatus.

Ist es sinnvoll, möglichst vielen islamischen Verbänden den Körperschaftsstatus zu verleihen? Soll dann jeder Verband seinen eigenen islamischen Religionsunterricht an deutschen Schulen anbieten, obwohl alle Verbände sunnitisch sind und teilweise sogar dieselbe Ethnie vertreten wie beispielsweise Ditib und der Verband der Islamischen Kulturzentren, VIKZ? Es wäre besser, wenn sich alle Sunniten unter einem Dach zusammenschlössen und sich unabhängig von ihrer Ethnie und theologischen Ausrichtung organisierten. Außerdem täte es dem friedlichen Zusammenleben der Muslime weltweit gut, wenn Sunniten und Schiiten ins Gespräch kämen und ihre 1400-jährige, größtenteils blutige Geschichte überwänden.

Ich würde es begrüßen, wenn es auch auf muslimischer Seite einen »ökumenischen« Zusammenschluss gäbe – ähnlich der Arbeitsgemeinschaft Christlicher Kirchen (ACK) auf christlicher Seite –, in dem sich Sunniten und Schiiten, liberale und traditionelle Muslime trotz aller Unterschiede treffen und sich austauschen, um ihr Miteinander zu stärken. Letztlich können solche Zusammenschlüsse nur von den Muslimen selbst ausgehen. Das Anliegen vieler Politiker, Muslimen eine Stimme zu geben, ist gut. Aber es wird nicht funktionieren, wenn Muslime nicht bereit sind, aktiver aufeinander zuzugehen. Es braucht diesen innerislamischen Dialog. Wenn er nicht stattfindet und es keinen innerislamischen Konsens gibt, wie soll dann ein Dialog mit Nichtmuslimen gelingen?

Ich möchte Muslimen Hoffnung machen: Katholiken und Protestanten haben sich jahrhundertelang bekämpft. Heute ist es selbstverständlich, dass sie sich zum Gespräch treffen und intensiv zusammenarbeiten. Ein solches Wunder kann auch im Islam passieren, wenn es genügend Menschen gibt, die daran arbeiten.

»Konferenz der Kulturen« statt Islamkonferenz

Als Gast saß ich Ende 2018 in der Auftaktveranstaltung der vierten Islamkonferenz. Sie wurde vom damaligen Innenminister Horst Seehofer (CSU) einberufen. Ich fand es gut, dass bei diesem Dialogformat des deutschen Staates mit den in Deutschland lebenden Muslimen zum ersten Mal gezielt auch liberale Muslime und Vertreter der stillen »Kulturmuslime« eingeladen worden waren, auch wenn es dafür vonseiten des »Koordinationsrats der Muslime« (KRM) Kritik gegeben hatte. Der Koordinationsrat wurde 2007 als Arbeitsplattform von den vier größten islamischen Organisationen in Deutschland, der Ditib, dem VIKZ, dem Zentralrat der Muslime sowie dem Islamrat im Rahmen der Deutschen Islamkonferenz gegründet. Aus meiner Sicht kann er aber nicht der einzige Ansprechpartner für den Staat sein, da er vor allem konservative Muslime repräsentiert und deshalb nicht für alle Muslime sprechen kann. Die damalige Kritik des Koordinationsrates am Leiter des Münsteraner Zentrums für Islamische Theologie, Mouhanad Khorchide, und die Forderung im Jahr 2013 nach der Abberufung des liberalen Theologen spricht für sich.

Obwohl der Auftakt der vierten Islamkonferenz mich positiv stimmte, dachte ich mir, als ich in die Runde schaute: »Schade, dass es diese Konferenz überhaupt gibt.« Denn: Warum brauchen Muslime überhaupt eine eigene vom Innenminister ins Leben gerufene Konferenz? Für keine andere religiöse Gruppe hat das Innenministerium eine Konferenz ins Leben gerufen. Zugegeben, die Gruppe der Muslime hat in Deutschland eine beachtliche Größe erreicht. Dennoch sind die meisten Migranten in Deutschland keine Muslime. Mit der Islamkonferenz schenkt die Politik einer

Religionsgemeinschaft besonders viel Beachtung, nur weil sie laut schreit und wegen der überproportional großen Probleme für die innere Sicherheit durch Angehörige dieser Religionsgemeinschaft. Ich verstehe, dass die Mitglieder der Deutschen Islamkonferenz sich gegen den Eindruck wehren, es handele sich bei ihrem Zusammenkommen um eine »Sicherheitskonferenz«. Doch ich kann nachvollziehen, dass ein solcher Eindruck entsteht. Denn wir reden oft über Probleme mit dem Islam, aber selten über Probleme mit Buddhisten oder christlichen Russlanddeutschen. Offenbar machen diese Gruppen keine vergleichbaren Probleme. Meine Hoffnung ist, dass sich die Konferenz in den nächsten Jahren überflüssig macht, weil es solche Probleme schlicht nicht mehr gibt. Stattdessen könnte es dann eine »Konferenz der Kulturen und Religionen« geben, in der sich Migranten und Religionsvertreter gemeinsam Gedanken über ein friedliches Zusammenleben in der Gesellschaft machen und überlegen, welche positive Rolle die Religion dabei spielen kann.

10.

Die Außenpolitik und ihre Folgen

Während ich an diesem Kapitel schreibe, ruft mich Mi'dad aus Suweida an. Er nutzt die Möglichkeit, dass er gerade Strom und damit ein aufgeladenes Handy hat, um sich zu melden und zu erzählen, wie es ihm nach der Ermordung von vier Familienangehörigen geht. Ich kenne ihn seit mehr als sieben Jahren, habe ihn zuletzt vor zwei Monaten besucht. Und nun erzählt er mir, dass viele der Freunde, die ich in Suweida besucht hatte, getötet wurden.

Die Stadt Suweida, 100 Kilometer von Damaskus entfernt, ist in Syrien das Zentrum einer dort lebenden Minderheit: Der Drusen. Die Religion der Drusen hat sich aus einer Richtung des schiitischen Islams entwickelt, die Drusen bezeichnen sich aber nicht als Muslime, da sich ihr Glaube sehr vom Islam unterscheidet, weshalb sie von Muslimen als Häretiker gesehen und in der Vergangenheit öfter diskriminiert und verfolgt wurden. So glauben die Drusen zum Beispiel an Reinkarnation und andere Elemente aus der griechischen Philosophie, dem Hinduismus und Zoroastrismus. Einer der Gründer der Glaubensrichtung war der im 11. Jahrhundert lebende Prediger Muhammad ad-Darazi.

Mi'dad hat nur überlebt, weil er sich gerade nicht zu Hause war, sondern sich in einem Nachbarort aufhielt, als im Juli 2025 die »Sicherheitskräfte« der Regierung kamen. Eigentlich sollten sie für Frieden sorgen und die Kämpfe zwischen Drusen und den benachbarten beduinisch-sunnitischen Milizen eindämmen, die die Stadt Suweida angriffen. Doch die Regierungstruppen schlugen sich auf die Seite der Beduinen und begingen selber Gräueltaten an drusischen Zivilsten. Dies lag auch daran, dass Teile der staatlichen Sicherheitskräfte früher Kämpfer in islamistischen Milizen waren, die nach ihrer Auflösung ins Militär der neuen sunnitischen Regierung in Syrien eingegliedert wurden.[90]

»Mein Vater, mein Onkel, mein Bruder und mein Cousin wurden nicht nur getötet, sie wurden geschlachtet«, erzählt Mi'dad in irritierend sachlichem Ton. Viele Frauen seien vergewaltigt worden, »es war die Hölle. « Und das alles, weil Drusen in den Augen der Islamisten »Ungläubige« sind, erklärt Mi'dad. Selbst das Krankenhaus hätten die Dschihadisten attackiert und ältere Drusische Oberhäupter entehrt, indem sie ihnen vor laufender Kamera die Schnurrbärte abrasierten, damit sie den Bart auf »islamische« Art und Weise tragen.[91]

Auch mehrere Kirchen und Häuser christlicher Familien wurden in Brand gesteckt. Insgesamt kamen bei den Ausschreitungen über 1100 Menschen ums Leben.[92]

Erst nachdem Israel, das sich als Beschützer der drusischen Bevölkerung versteht, Regierungstruppen in Suweida und Damaskus bombardiert hatte, erklärte Interimspräsident Ahmed al-Sharaa am 19. Juli 2025 einen Waffenstillstand und beteuerte, sich für die Rechte von ethnischen und religiösen Minderheiten in Syrien einzusetzen.[93] Kurz darauf verließen die beduinischen Kämpfer die Stadt und die Drusen übernahmen wieder die Kontrolle.

Eine ähnliche Tragödie wie in Suweida ereignete sich bereits im März 2025, als in der syrischen Hafenstadt Banias Milizen, die der neuen syrischen Regierung nahestehen, gezielt mehr als 100 Angehörige der alawitischen Minderheit töteten, darunter auch die Familie meines Freundes Ali, der völlig traumatisiert nach Beirut geflohen ist. An einem einzigen Tag wurde seine komplette Familie ausgelöscht, weil sie Alawiten sind. Die Regierung schritt viel zu spät ein.

Diese Beispiele zeigen, wie bedrohlich die Lage in Syrien für Minderheiten wie Drusen, Christen und Alawiten ist, die aus islamistischer Sicht als Ungläubige gelten und als Kollaborateure mit dem gestürzten Regime, weil sie sich mit Bashar al-Assad arrangiert hatten.

Auch im Westen war die Euphorie nach dem Ende der Herrschaft Assads groß. Jedoch sollte man auch hier inzwischen gelernt haben, dass es nicht unbedingt besser wird, wenn irgendwo in der arabischen Welt ein Diktator gestürzt wird: Nach Saddam Hussein im Irak und Muammar al-Gaddafi in Libyen scheint es nun nach dem Fall von Bashar al-Assad auch um die Stabilität in Syrien geschehen zu sein. Die islamistische Regierung schützt Minderheiten derzeit zu wenig, und ich finde es falsch und fatal, dass in Syrien die Terroristen von gestern als die Verbündeten von heute dargestellt werden. Es schadet der Glaubwürdigkeit Europas, wenn man diese Situation fast ohne »Wenn und Aber« anerkennt.

Wir sollten den Wiederaufbau Syriens unterstützen, aber zu klaren Bedingungen, zu denen auch der Schutz von Minderheiten noch viel deutlicher zählen muss. Apropos Wiederaufbau: Ich finde es gut, dass über Klinikpartnerschaften mit Syrien gesprochen wird und 300 deutsche und syrische Ärzte sich nach Angaben des Bundesministeriums für wirtschaftliche Zusammenarbeit und Entwicklung bereiterklärt haben, den Aufbau der Krankenhäuser dort zu unterstützen. So kann der Bevölkerung direkt geholfen werden – eine sehr effektive Art der Entwicklungshilfe.[94]

Nach fast 14 Jahren Bürgerkrieg in Syrien sind mehr als ein Drittel der Krankenhäuser nicht mehr funktionstüchtig, über die Hälfte des medizinischen Personals ist geflohen. Viele der rund 6000[95] in Deutschland lebenden syrischen Ärzte möchten helfen. Wir sollten die medizinischen Fachkräfte, die in ihre syrische Heimat zurückkehren wollen, dabei unterstützen, auch wenn wir sie in Deutschland ebenfalls gut gebrauchen können. Denn sie tragen aktiv dazu bei, die humanitäre Lage in Syrien zu verbessern und die politische Situation zu stabilisieren. Auch andere syrische Fachkräfte sollten ermutigt und dabei unterstützt werden, ihr in Deutschland erworbenes Wissen zum Wohle ihrer Heimat einzusetzen. Wenn sich die Lage der Menschen in Syrien verbessert, werden weniger Familien ihre Heimat verlassen und nach Europa migrieren.

Vor sechs Jahren war ich zu Besuch bei einem Imam in Homs. Ich sagte ihm, dass wir für Frieden in Syrien beten. Er erwiderte: »Ich hoffe, dass der Bürgerkrieg noch lange geht. Denn wenn er ein Ende hat, dann wird es noch schlimmer: Die Menschen werden sich nach dem Sturz von Assad an den Kollaborateuren rächen und sie umbringen. Wir haben in diesem Land nicht die Voraussetzungen, um als unterschiedliche Gruppen in Frieden miteinander zu leben.« Dies hat mir sehr zu denken gegeben. Und tatsächlich ist es schwer, einander zu verzeihen, wenn man wie mein Freund Mustafa vom Assad-Regime verschleppt und inhaftiert wurde. Seine Frau war im sechsten Monat schwanger, als er verschwand. Als es im Dezember 2024 zur Befreiung des Saidnaya-Foltergefängnisses kam, wurde auch Mustafa befreit, der von den 13 Jahren Gefängnis sieben Jahre in Einzelhaft dahinvegetierte. Er brauchte lange, bis er sich wieder an das Tageslicht gewöhnte. Noch viel länger wird es brauchen, bis er wieder ein einigermaßen normales Leben führen kann.

Um die Situation der Menschen wirklich zu verbessern, ist es deshalb wichtig, neben Entwicklungshilfe auch in möglichst neutrale Streitkräfte zu investieren, die verlässlich für Stabilität im Land sorgen. Ebenso sollte eine Justiz gefordert und gefördert werden, die ohne Ansehen der Person Verbrechen aufarbeitet und Schuldige vor Gericht bringt. Auch eine Verfassung ist unerlässlich, die Minderheiten Rechte als vollwertige Bürger garantiert.

Entwicklungszusammenarbeit rettet Leben

Deutschland sollte sich nicht erst Gedanken machen, wie man Menschen rettet, wenn sie im Mittelmeer zu ertrinken drohen, sondern sich verstärkt um eine Verbesserung der Lebensumstände in den Herkunftsländern der Migranten kümmern. Wenn wir die Fluchtursachen nicht bekämpfen, versuchen noch mehr Menschen nach Europa zu kommen, weil sie in ihrer Heimat keine Perspektive für sich sehen. Aus meiner Sicht gehört es auch zur christlichen Nächstenliebe dazu, Menschen dazu zu verhelfen, dass sie in ihrer Heimat oder wenigstens in ihrem kulturellen Kontext bleiben können.

Derzeit gibt es einen Trend, dass Entwicklungshilfe gekürzt wird. Nach Schätzungen der Caritas kürzten Regierungen im Jahr 2025 die humanitäre Hilfe weltweit um rund 60 Milliarden Dollar – im Vergleich zu 2024 ein Rückgang um ein Drittel. Wegen der Kürzungen müssen nach Schätzungen rund 60 000 Entwicklungshelfer entlassen werden. Das hat direkte Folgen: Die Vereinten Nationen haben bekannt gegeben, dass sie weltweit statt derzeit 180 Millionen Menschen zukünftig nur noch 114 Millionen versorgen können.[96]

Ich sehe die Notwendigkeit, dass wir in Entwicklungshilfe investieren. Aber warum gehen wir eigentlich mit einer Selbstverständlichkeit davon aus, dass Amerika und Europa die Hauptlast übernehmen?

Die öffentlichen Entwicklungshilfeleistungen der USA betrugen im Jahr 2024 rund 63,4 Milliarden US-Dollar. Damit waren die Vereinigten Staaten das größte Geberland. An zweiter Stelle folgte Deutschland mit circa 32,4 Milliarden US-Dollar und an dritter Stelle Großbritannien mit etwa 18 Milliarden US-Dollar.[97] Was ist mit dem reichen Saudi-Arabien? Und mit den anderen Golfstaaten? Katar hat 2022 eine Fußball-Weltmeisterschaft ausgerichtet, aber hilft den eigenen Glaubensbrüdern kaum! Wer bringt diese Regierungen dazu, dass sie sich an der Entwicklungshilfe beteiligen?

Demokratie lässt sich nicht erzwingen

Weder in Afghanistan noch im Irak, weder in Tunesien noch in Libyen ist es nach einem Umsturz oder einem Regierungswechsel demokratischer geworden. Man kann Demokratie nicht einfach exportieren oder Menschen zu demokratischen Werten zwingen. Der Westen muss sich von solchen Gedanken verabschieden – und auch von seiner Doppelmoral: Einerseits hat man enge wirtschaftliche Kontakte mit einem autoritären Land wie Saudi-Arabien andererseits will man Demokratie exportieren und hat den Anspruch, für freiheitliche Werte zu stehen. Das passt nicht zusammen.

Außerdem müssen wir uns noch viel stärker um die Vermittlung demokratischer Werte im eigenen Land kümmern. Es hat mich damals sehr nachdenklich gemacht, wie euphorisch viele der in Deutschland lebenden Syrer waren, als es zum Machtwechsel in Syrien kam. Mit der Einnahme von Damaskus durch Rebellengruppen unter der Führung der islamistischen HTS-Miliz endete nach mehr als 50 Jahren die Herrschaft des Hauses Assad. Es ist verständlich, dass viele aufatmeten. Aber schon damals deutete sich an, dass Islamisten in der neuen Regierung das Sagen haben werden und dass mit Ahmed al-Scharaa ein Mann Präsident wird, der eine dschihadistische Vergangenheit hat.

Ich kann nur schwer nachvollziehen, dass Menschen, die zehn Jahre in Deutschland Freiheit und Sicherheit auch für Minderheiten erleben konnten, begeistert sind, wenn in Syrien jemand die Macht übernimmt, der diese Werte offensichtlich nicht teilt.

Sowohl in Syrien als auch in Deutschland gilt: Demokratie ist eine Sache der Bildung aber auch der Überzeugung. Sie lässt sich nicht von oben anordnen, sondern muss innerlich bejaht werden.

11.
Grenzen der Integration

Im »Flüchtlingssommer« 2015, als Hunderttausende von Flüchtlingen und Migranten nach Europa und vor allem nach Deutschland kamen, sagte die damalige Bundeskanzlerin Angela Merkel: »Deutschland ist ein starkes Land. Das Motiv, mit dem wir an diese Dinge herangehen, muss sein: Wir haben so vieles geschafft – wir schaffen das!«[98] Dieser Satz ist vermutlich zum bekanntesten Ausspruch von Angela Merkel geworden.

Doch mehr als zehn Jahre danach sieht die Situation anders aus: Vielerorts ist man völlig überfordert in Sachen Integration, weil wir seit 2015 zu viele Menschen aufgenommen haben. Denn die Aufnahmefähigkeit und Integrationsfähigkeit einer Gesellschaft ist endlich. Dies zeigt sich zum Beispiel an den Kommunen, die mit Blick auf die Zahl der vielen Zugezogenen nach Aussage von Verantwortlichen vor Ort an der »Grenze der Belastbarkeit« sind. Viele fordern deshalb eine Reduzierung der illegalen Migration und dass die Leistungen bei abgelehnten Asylbewerbern auf ein Minimum beschränkt werden.[99]

Auch der Psychologe und Buchautor Ahmad Mansour spricht sich für eine massive Begrenzung der Migration nach Deutschland aus – bis hin zur vorübergehenden Schließung der Grenzen. Er sagt: »Wir reden immer über neue Menschen, die dazukommen, werden aber nicht einmal denen gerecht, die bereits bei uns sind«.[100]

Wie viele Menschen können wir in Deutschland aufnehmen und integrieren? Dies ist eine Frage, die mich immer wieder beschäftigt. Da ich selbst Migrant bin, würde ich am liebsten sagen: Nehmt alle Menschen dieser Welt in Deutschland auf – weil ich natürlich jedem Menschen wünsche, dass er ein so gutes und sicheres Leben führen darf wie ich. Doch weil mir meine Wahlheimat nicht egal ist, denke ich, dass das nicht der Weg sein kann. Denn es ist wie in einem Haus: Man kann nicht unbegrenzt Gäste einladen, irgendwann ist es so voll, dass alle darunter leiden: Die Familie, die im Haus wohnt, ebenso wie die Gäste selbst.

Und deshalb will ich den Deutschen kein schlechtes Gewissen machen, dass sie zu wenig Menschen aufnehmen, denn das stimmt schlicht nicht: Betrachtet man die absoluten Zahlen, ist Deutschland nach dem Iran, der Türkei und Kolumbien das Land, das im weltweiten Vergleich die meisten Flüchtlinge aufgenommen hat.[101]

Einwanderungspolitik ist ein heißes Eisen. Und es gibt Leute, die dieses Thema nutzen, um Fremdenfeindlichkeit zu nähren. Andere sind generell dagegen, Zuwanderer aufzunehmen. Ein solches Denken ist weder mitmenschlich noch christlich. Denn es gibt durchaus Menschen, die aus gutem Grund um Asyl bitten und dringend Hilfe benötigen. Andererseits können wir tatsächlich nicht alle aufnehmen, die bildlich gesprochen an unsere Tür klopfen. Und wir dürfen uns in Sachen Integration nicht überfordern. Wir müssen abwägen, was machbar ist und wie wir den am meisten bedürftigen Menschen mit unseren begrenzten Ressourcen helfen können. Von dem Gedanken, alle aufnehmen zu können, die zu uns kommen möchten, müssen wir uns verabschieden.

Es gilt grundsätzlich zwischen dem Gewähren von Asyl und Migration zu unterscheiden. Wir sollten uns vor allem darauf konzentrieren den Menschen in ihren Heimatländern zu helfen oder wenn das nicht machbar ist, möglichst heimatnah eine Perspektive zu bieten.

Migranten sind keine Flüchtlinge. Sehr häufig ist die Rede von »Flüchtlingen«, wenn sachlich und rechtlich betrachtet eigentlich Migranten gemeint sind. Flüchtlinge müssen gehen, weil sie in akuter Lebensgefahr sind, während Migranten diese Option wählen, um ihre Lebenssituation zu verbessern. Flüchtlinge sind durch das internationale Flüchtlingsrecht geschützt. Ob Staaten Migranten aufnehmen, steht ihnen frei.

Nach der Genfer Flüchtlingskonvention sind anerkannte Flüchtlinge Menschen, die nach abgeschlossenem Asylverfahren den Flüchtlingsschutz erhalten. Das Recht auf politisches Asyl ist in unserem Grundgesetz in Artikel 16a verankert. Im Asylverfahren müssen die betroffenen Menschen nachweisen, dass sie in ihrem Heimatland Opfer von ethnischer, politischer oder religiöser Verfolgung sind. Falls sie nicht verfolgt werden, kann ein sogenannter subsidiärer Schutz gewährt werden, wenn jemandem in seiner Heimat »ernsthafter Schaden« droht, wie zum Beispiel Krieg. Viele Syrer haben deswegen subsidiären Schutz erhalten, also die Erlaubnis, zeitlich befristet in Deutschland zu bleiben, solange die bedrohliche Lage besteht.

Beide Gruppen – Flüchtlinge und Migranten – wählen oft dieselben Routen und nehmen die Hilfe von Schleusern in Anspruch. Einmal im Zielland angekommen, stellen Migranten in der Regel einen Asylantrag, in der Hoffnung, dadurch im Land bleiben zu dürfen, was für enorme Bürokratie sorgt und eigentlich nicht Sinn des Ganzen ist. Zugespitzt würde ich sagen: Ich sehe in Deutschland einen großen Asylmissbrauch. Zehntausende Menschen, die hierherkommen, beantragen Asyl, obwohl sie keinen Rechtsanspruch darauf haben. Oft lehnen die Behörden solche Asylanträge ab. Doch meistens erhalten die Abgelehnten dann eine Duldung, ihre Abschiebung wird also »ausgesetzt«.

Von jedem, der auf diese Weise nach Deutschland gekommen ist und geduldet wird, geht die Botschaft aus: Wenn du es erst einmal nach Deutschland geschafft hast, kannst du dort bleiben, auch wenn du kein Recht auf Asyl hast und dein Asylantrag abgelehnt wurde. Dies hat zur Folge, dass immer mehr Migranten den gefährlichen Weg und die illegale Einreise nach Europa wagen.

Das Recht auf »Asyl« sollte für die vorgesehen bleiben, die es wirklich brauchen (und vom Deutschen Grundgesetz her dafür berechtigt sind), weil sie in ihrem Heimatland an Leib und Leben bedroht sind. Das sollte von der Politik klar kommuniziert und vor allem auch umgesetzt werden. Wenn nach einem sehr langen und intensiven Prozess ein rechtskräftiges Urteil keine Konsequenzen hat, untergraben wir damit unser Asylrecht und unser Justizsystem.

Auch mit Blick auf die Syrer, die nach Deutschland gekommen sind, muss man die bestehenden Gesetze anwenden. Seit dem Sturz von Baschar al-Assad hat sich die Situation entscheidend verändert: Für viele, die wegen des Assad-Regimes nach Deutschland geflohen sind, ist der Asylgrund nun weggefallen und damit auch der Aufenthaltstitel. Das Aufenthaltsgesetz bietet Möglichkeiten, trotzdem weiterhin einen Aufenthaltstitel zu bekommen: Erwerbstätigkeit, Ausbildung, Studium, familiäre Gründe, gute persönliche Integration oder humanitäre Gründe. Wer keinen der im Aufenthaltsgesetz beschriebenen Aufenthaltsgründe vorweisen kann, muss aus meiner Sicht Deutschland wieder verlassen.

Mich stört es, dass wir nicht in der Lage sind, eine solche Debatte zu führen, ohne dass jemand, der solche Gedanken

äußert, in der Gefahr steht, direkt in die rechtsextreme Ecke gestellt zu werden. Dabei geht es eigentlich nur darum, bestehendes Recht und Gesetz anzuwenden.
Wir müssen nachhaltige Lösungen finden, die für die Mehrheitsgesellschaft tragbar sind – Wege, wie wir mit den vielen Menschen umgehen, die zu uns gekommen sind und noch zu uns kommen werden.

Unsere Welt ist durch die Globalisierung komplexer geworden. Und es gibt Pull-Faktoren, die Menschen nach Europa ziehen. Deshalb müssen wir eine Debatte führen, damit diejenigen, die tatsächlich Asyl brauchen, im Land bleiben können und andere in ihre Heimat zurückgehen müssen, sobald ihnen dort keine Lebensgefahr mehr droht. Auch bei Syrern muss man unterscheiden: Zwischen Minderheitsgruppen, die weiterhin gefährdet sind, und sunnitischen Muslimen, die nicht mit Assad kooperiert haben – was die große Mehrheit ist. Denn diese Menschen haben nun keinen Flucht- bzw. Asylgrund mehr.

Eine solche Diskussion zu führen, ist unsere Verantwortung. Sie sollte keine politische Farbe haben, sondern alle, die unser Land lieben und es in eine gute Richtung führen wollen, sollten die Grenzen der Aufnahmefähigkeit anerkennen und an konstruktiven Lösungen interessiert sein. Es geht um die Frage, wie es gelingen kann, dass man sich als Staat nicht völlig überfordert. Denn damit ist niemandem gedient.

Die Grenzen des Sozialstaates

Jeder Wohlfahrtsstaat – auch der deutsche – hat nur begrenzte Möglichkeiten. Ein soziales Miteinander kann auf Dauer nur funktionieren, wenn große Teile der Bevölkerung hinter dem Prinzip der Umverteilung stehen, die in diesem Staat geschieht. Und wenn es gleichzeitig genug Menschen gibt, die arbeiten und Steuern zahlen. Und auch diese müssen ein »Ja« dazu haben, dass sie mit ihrem persönlichen Einsatz und den Steuern, die sie zahlen, Zuwanderern einen Start hierzulande ermöglichen. Damit diese Bereitschaft erhalten bleibt und gestärkt wird, ist es unerlässlich, dass Migranten die Leistungen, die sie erhalten, schätzen und alles in ihrer Macht Stehende tun, möglichst bald selbstständig Geld zu verdienen, damit sie von einem Empfänger selbst zu einem Geber werden.

Ein Gottesdienstbesucher in einer arabischen Gemeinde sagte zu mir, es sei sein Recht, dass er hier in Deutschland Bürgergeld bekomme. Ich entgegnete ihm, dass wir als Migranten nicht von »Recht« reden können: Unsere Väter haben in Deutschland keine Steuern gezahlt oder in irgendeiner Weise zum Aufbau dieses Landes beigetragen – und wir können froh und dankbar sein, dass wir dennoch hier leben können.

Eine solche Einstellung kenne ich von zahlreichen Migranten: Sie halten es für selbstverständlich, finanzielle Unterstützung zu erhalten, und erwarten, dass die Gesellschaft sie aufnimmt und bezahlt. Doch woher das Geld kommt, das sie monatlich »vom Staat« auf ihr Konto überwiesen bekommen, darüber machen sich nur wenige Gedanken.

Würde jeder so denken und leben, würden unsere Sozialsysteme nicht funktionieren. Das ist vielen nicht klar. Dies hängt auch damit zusammen, dass Menschen in einigen orientalischen Ländern zwar Steuern zahlen, das Geld aber oft irgendwo »im System« versickert und in die Taschen von wenigen Leuten wandert – und eben nicht der Allgemeinheit zugutekommt. Migranten sollten deshalb schon im Integrationskurs lernen, dass es in Deutschland anders ist: Sozialstaat und Infrastruktur werden durch Steuergelder finanziert.

Ich kann verstehen, dass der Unmut zunimmt, wenn große Zahlen von Menschen aus dem Ausland kommen, die Sozialleistungen erhalten, ohne jemals selbst etwas in eine Sozialkasse eingezahlt zu haben. Betrachtet man zum Beispiel die fast eine Million syrischer Staatsangehöriger in Deutschland, erhält etwas mehr als die Hälfte Staatsleistungen. Auch wenn die Zahl der Syrerinnen und Syrer, die in Deutschland einer Arbeit nachgehen, seit 2015 stark zugenommen hat und zwei Fünftel derjenigen, die eine qualifizierte Tätigkeit ausüben als Fachkräfte und Experten, in »Engpassberufen« wie zum Beispiel im Pflegebereich arbeiten, sind noch zu viele Menschen von Sozialleistungen abhängig.[102]

Ich finde deshalb den Vorschlag, dass volljährige Asylbewerber, anerkannte Flüchtlinge und Ausländer aus Nicht-EU-Ländern Sozialleistungen künftig lediglich als zinsloses Darlehen erhalten – ähnlich wie beim Bafög für Studenten –, eine gute Idee, über die man nachdenken sollte. Denn auf diese Weise könnten Integrationsleistungen belohnt werden.

Wenn Flüchtlinge beispielsweise innerhalb eines Jahres eine Arbeit aufnehmen und eine Sprachprüfung absolvieren, könnte das Darlehen zur Hälfte erlassen werden. Oder es könnte auch einen Rückzahlungsbonus geben, wenn die Kinder, die aus solchen Familien stammen, einen Schulabschluss erfolgreich bestehen – so die Überlegung zweier SPD-Landräte aus Thüringen.[103] Auch wenn der Vorschlag vielleicht nicht bis ins Detail ausgereift ist, finde ich es gut, sich überhaupt in diese Richtung Gedanken zu machen.

Die Grenzen innerer Sicherheit

Corona hat gezeigt: Der Staat kann Maßnahmen rigide durchsetzen. Es fehlt ihm nicht an der dafür notwendigen Macht. In der Zeit der Lockdowns war es sogar zeitweise ohne größere Probleme möglich, die Landesgrenzen zu kontrollieren, beispielsweise die nach Tschechien oder Österreich, obwohl das im Zusammenhang mit dem Thema Migration von Politikern oft als schwierig bis unmöglich dargestellt wird.

Ich wünsche mir ein ähnlich striktes Vorgehen, wenn es um Fragen der inneren Sicherheit geht. Auch hier sind Menschenleben gefährdet, wenn der Staat nicht konsequent gegen Gefährder und Kriminelle vorgeht und nicht ausreichend kontrolliert, wer ins Land kommt. Eine konsequente Haltung würde außerdem das Image der überwältigenden Mehrheit der unbescholtenen Migranten verbessern. Es ist traurig, dass einige wenige schwarze Schafe den Ruf aller neu Zugewanderten ruinieren, weil sie überproportional oft straffällig werden.[104]

Die Grenzen von Migration

Es ist ein brutales, gefährliches Geschäft, auf das sich viele Menschen einlassen, um nach Europa zu kommen: Sie geben ihr Hab und Gut Schleusern, die sie in völlig überladene Schlauchboote setzen, mit denen sie das Mittelmeer überqueren sollen. Nicht wenige Schlauchboote kentern, bevor Hilfe in Sicht ist. Tausende Menschen sind in den letzten Jahren im Mittelmeer ertrunken.

Es ist furchtbar, dass es viele Menschen weltweit gibt, die ihr Leben aufs Spiel setzen, um ihr Land zu verlassen. Die dramatischen Bilder und Berichte sorgen für einen hohen moralischen Druck, denn niemand möchte dafür mitverantwortlich sein, dass Menschen sterben.

Leider ist es so, dass es auch aus Kairo, Beirut oder Addis Abeba ähnliche Bilder gäbe, wenn es für die Menschen dort möglich wäre, auf diese Weise nach Europa oder Nordamerika zu gelangen.

Wir möchten am liebsten allen Menschen helfen, aber wir können nicht alle aufnehmen. Unsere Ressourcen sind begrenzt. Tatsache ist: Die Menschen, die zu uns kommen, sind in den allermeisten Fällen nicht die Ärmsten der Armen und die Schwächsten der Schwachen, die unseren Schutz am dringendsten brauchen.

Einem ausgehungerten Jugendlichen aus dem Jemen oder einer Frau, die unter dem Terror von Boko Haram in Nigeria leidet, fehlen oft das Geld und die Beziehungen, um bis nach Europa zu kommen. Deshalb sollten wir mit unserer Hilfe zu ihnen kommen und sie vor Ort unterstützen oder ihnen so heimatnah wie möglich helfen. Hier denke ich vor allem an die zahlreichen Flüchtlingslager in Afrika und Asien, die wir viel besser finanzieren sollten, als es oft der Fall ist.

Die Oxforder Migrationsforscher Alexander Betts und Paul Collier haben festgestellt, dass die Ausgaben für Flüchtlinge, die Europa erreicht haben und nun dort leben, rund 135-mal so hoch sind, wie die Unterstützung, die Flüchtlinge benötigen, die in einem Entwicklungsland Zuflucht gefunden haben. Ein krasses Missverhältnis, zumal nur etwa jeder zehnte Flüchtling den Sprung nach Europa schafft.[105]

Wir dürfen nicht Schlepper darüber entscheiden lassen, wem wir helfen. Diese Entscheidung müssen wir treffen. Wir wählen aus, wen wir in Europa aufnehmen und wen nicht. Das heißt, auch wenn es noch so unpopulär ist: Wir brauchen einerseits einen robusten Grenzschutz an den Außengrenzen der EU. Andererseits sollten wir wie Kanada oder andere erfahrene Einwanderungsländer jedes Jahr Kontingente festlegen, in deren Rahmen wir gezielt an Leib und Leben bedrohte Menschen aus Afrika und Asien nach Europa einfliegen, um ihnen hier Asyl zu gewähren. Das wäre aus meiner Sicht ehrlicher, realistischer und machbarer als der bisherige Weg.
Und wir sollten uns zunächst darauf konzentrieren, die vielen Menschen, die in den letzten Jahren gekommen sind, in unsere Gesellschaft zu integrieren. Hier gibt es noch so viel zu tun!

Ich finde es richtig, dass wir trotz aller Kapazitätsgrenzen einigen ukrainischen Flüchtlingen für eine begrenzte Zeit Zuflucht bieten, weil wir als geografisch nahe liegendes Land eine besondere Verantwortung haben, Ukrainer in Not aufzunehmen – genauso wie ich mir gewünscht hätte, dass das reiche Saudi-Arabien viel mehr syrische Flüchtlinge aus der unmittelbaren Nachbarschaft aufgenommen hätte. Doch auch im Bereich der Aufnahme von ukrainischen Flüchtlingen kommen wir an unsere Grenzen.

Die Grenzen der Ehrenamtlichen

Ich finde es besonders und beeindruckend, dass es in Deutschland so viele Ehrenamtliche gibt, die sich in Vereinen, Kirchengemeinden, Organisationen, Parteien und auch bei der Integration von Migranten engagieren. Aber gerade deshalb macht es mich besonders traurig zu sehen, dass einige Ehrenamtliche, die ich kenne und die ich zum Teil selbst zu Integrationsbegleitern ausgebildet habe, ihre Arbeit inzwischen aufgegeben haben. Sie haben sich vor zehn Jahren hochmotiviert für Geflüchtete eingesetzt und ihnen bei ihren ersten Schritten in diesem Land geholfen. Doch nun, einige Jahre später sind sie frustriert.

Als Gründe höre ich, dass zu viel Integrationsarbeit an ihnen hängen blieb, sie von Behörden zu wenig Unterstützung erhielten und die bürokratischen Hürden sie ausgelaugt haben. Manche hat auch empört, dass jemand, der motiviert ist und arbeiten will, an den Vorgaben scheitert. Andere sind persönlich enttäuscht von Menschen, denen sie aufopfernd geholfen haben, weil diese dies nicht wertschätzten oder sich nicht integrieren wollen.

Wie ich schon im Kapitel zum »Deutschlandführerschein« erwähnt habe, könnte es helfen, wenn sich mehr Migranten engagieren, denen es selbst gelungen ist, sich zu integrieren. Dass sie selbst für andere aktiv werden. Gut integrierte Migranten tragen einen großen Schatz in sich: Sie kennen die Sprache und Kultur dieses Landes und auch die der Herkunftsländer der Zuwanderer. Deshalb sind sie dafür prädestiniert, Integrationshilfe zu leisten. Ich spreche aus eigener Erfahrung.

Gäbe es nicht die vielen engagierten Ehrenamtlichen, wäre für viele Migranten die Situation noch viel schwieriger. Doch Ehrenamtliche können die Fehler, die die Politik macht, nicht ausbügeln und die Überlastung der Hilfssysteme ausgleichen.

Nach meiner Wahrnehmung ärgert es viele Bürger, dass die Regierung mehrere Jahre lang eine Politik der offenen Grenzen über ihren Kopf hinweg praktiziert hat und die Menschen an der Basis mit den Konsequenzen zu leben hatte. Ich verstehe den Unmut und die Kritik. Aber man sollte die Enttäuschung nicht am syrischen Nachbarn auslassen. Er ist hier, weil er sich ein besseres und sicheres Leben für sich und seine Familie wünscht. Ihm haben wir als Christen in Nächstenliebe und in Gastfreundschaft zu begegnen, so wie jedem anderen auch, der in unsere christlichen Gemeinden kommt.

Insgesamt braucht es eine Grundsatzdiskussion, wie wir mit der Zuwanderung nach Deutschland umgehen. Als Gesellschaft müssen wir in einem demokratischen Prozess entscheiden, was für ein migrationspolitisches Konzept wir in Zukunft umsetzen möchten: Wollen wir nach dem Motto »No nations, no borders« handeln und alle, die es zu uns schaffen, aufnehmen? Haben wir bedacht, was das für die innere Sicherheit, unsere Sozialsysteme, unseren Wohn- und Arbeitsmarkt und unsere Integrationsbemühungen bedeutet? Oder wollen wir eine strenge Asylpolitik wie Dänemark? Wie sieht unser Weg aus?

12.

Das Verhältnis von Christen und Muslimen

Religion spielt eine zentrale Rolle – im Integrationsprozess genauso wie für ein friedliches Zusammenleben in einer Gesellschaft. Deshalb teile ich die Überzeugung des Tübinger katholischen Theologen Hans Küng (1928–2021): »Kein Frieden unter den Nationen ohne Frieden unter den Religionen. Kein Frieden unter den Religionen ohne Dialog zwischen den Religionen.«[106]

Die Religionen sollten demnach ihren Teil zum Frieden in der Gesellschaft beitragen.

»Selig sind, die Frieden stiften, denn sie werden Gottes Kinder heißen«, heißt es auch in der Bergpredigt Jesu (Matthäus 5,9). Neben dem »Dialog des Lebens«, also zwischenmenschlichen Begegnungen und gegenseitigen Einladungen, und einem »Dialog der Taten«, zum Beispiel einer gemeinsamen Nachbarschaftshilfe in Pandemiezeiten oder dem gemeinsamen Einsatz für Umweltschutz, kann auch ein interreligiöser Dialog zum Frieden beitragen. Er kann Vertrauen schaffen, Verständnis wecken und Missverständnisse ausräumen.

Unter »interreligiösem Dialog« verstehe ich das Gespräch und die Begegnung zwischen Menschen unterschiedlicher Religionen und Weltanschauungen, mit dem Ziel, die Glaubensüberzeugungen des anderen besser kennenzulernen und sich über die Gemeinsamkeiten und Unterschiede zwischen den jeweiligen Überzeugungen auszutauschen. Solche Dialoge haben auch positive Auswirkungen auf das friedliche Zusammenleben in einer Gesellschaft: Denn wenn gegenseitiges Verständnis vertieft wird, kann dies auch dazu führen, dass sich die Haltung und die Beziehung zu unserem Gegenüber verändert. Doch was braucht es für einen friedensförderlichen Dialog?

Immer wieder stoße ich in politischen und kirchlichen Kreisen auf die Annahme, dass es im Miteinander der Religionen nur dann friedlich zugehen kann, wenn man sich in möglichst vielen Fragen des Glaubens einig ist. Theologische Unterschiede nehmen solche Menschen nicht als Gegebenheit, sondern vor allem als Problem wahr. Je mehr sich die theologischen Überzeugungen annähern, desto weniger Spannungen gibt es zwischen den Religionen, denken sie.

Henning Wrogemann, Professor für Religionswissenschaft und Interkulturelle Theologie an der Kirchlichen Hochschule Wuppertal, nennt dieses Verständnis eines Dialogs »Konsensdialog«.[107] Bei dieser Art des Dialogs neigen die Gesprächspartner dazu, die religiöse Wahrheitsfrage auszuklammern oder allen beteiligten Religionen gleichzeitig Wahrheit zuzusprechen – und vor allem Gemeinsamkeiten zu betonen. Typisch für diese Art von Dialog sind Sätze wie: »Wir glauben alle an denselben Gott.«

Ein hoher Repräsentant einer evangelischen Landeskirche sagte einmal zu mir: »Wir Christen sind doch auch Muslime.« Damit spielte er auf die Bedeutung des arabischen Wortes »Muslim« an, das »Gottergebener« bedeutet oder auch »jemand, der sich Gott unterwirft«. Ich meinte daraufhin, dass ich mich so nie bezeichnen würde, weil das nur für Missverständnisse sorgt. Ein anderer kirchlicher Amtsträger meinte, er könne nicht nachvollziehen, warum ich als Konvertit nicht mehr bereit bin, das islamische Glaubensbekenntnis zu sprechen. Der islamische Prophet könne doch auch für Christen ein Vorbild sein. Solche Einstellungen von christlicher Seite, die dazu neigen, Unterschiede zu nivellieren, sorgen nur für Verwirrung und sind überhaupt nicht förderlich für einen gelingenden Dialog. Ich habe die Erfahrung gemacht: Muslime schätzen und suchen Christen mit einem klaren Profil und Glaubensfundament, mit denen sie auf Augenhöhe diskutieren können – sozusagen von Gläubigen zu Gläubigen. Wer davon ausgeht, dass es zu Respekt und Offenheit führt, wenn man Kompromisse bei seinen eigenen Glaubensüberzeugungen eingeht und beispielsweise vor allem die Menschlichkeit Jesu statt seine Göttlichkeit betont, der irrt sich.

Ich kenne erstaunlicherweise auch keinen einzigen Muslim, der die Jungfrauengeburt Jesu infrage stellen würde – im Gegensatz zu manchen christlichen Theologen. Kann es wirklich sein, dass Muslime mit Blick auf die Jungfrauengeburt und die Wunder, die Jesus tat, Gott mehr zutrauen als manche Christen?

Unterschiedliche Glaubensüberzeugungen sind kein Hindernis für einen gelingenden Dialog – im Gegenteil: Sie sind eine Chance, Toleranz praktisch zu leben. Dialog zwischen Menschen unterschiedlicher Glaubensüberzeugung soll dazu beitragen, den anderen zu verstehen. Es ist schön, wenn man im Gespräch auch Gemeinsamkeiten entdeckt. Aber man muss nicht in allem übereinstimmen.

Eine Folge des »Konsensdialogs« ist auch, dass er seine Probleme mit exklusiven Wahrheitsansprüchen hat und Mission oft als nicht vereinbar mit einem gelingenden interreligiösen Dialog gesehen wird. Doch eine solche Sicht widerspricht dem Wesen des Christentums und des Islams. Denn in beiden Religionen gehört es zum eigenen Glauben dazu, diesen aktiv weiterzugeben.

Muslime sind da meist auch sehr ehrlich und konsequent und stehen zu ihrem Anliegen der Da'wa, des »Rufs zum Islam«. In dieser Hinsicht können Christen von Muslimen lernen. Sie sollten wie diese selbstbewusst über ihren Glauben reden.

Natürlich ist es auch nicht hilfreich, wenn man einen Dialog nur deshalb führt, weil man den Gesprächspartner von seinem Glauben überzeugen will. Wer die Haltung hat, dass Dialog nur erfolgreich ist, wenn der andere zur eigenen Religion übertritt, der sollte erst gar nicht damit beginnen. Denn eine solche Einstellung kann zu Frust auf beiden Seiten führen, wenn die erhoffte Konversion des anderen ausbleibt. Eine solche Art von Dialog widerspricht auch der Erkenntnis, dass Gott allein Glauben schenkt und Argumente allein nicht ausreichen.

Ich trete für einen »zeugnishaften Dialog«[108] ein, denn ich habe es selbst erlebt: Wenn Menschen von etwas zutiefst überzeugt sind und dies in ihrem Leben positiv erfahren haben, dann wollen sie es auch gerne anderen mitteilen. So geht es mir bis heute, wenn ich mit Menschen rede: Über kurz oder lang fange ich an, von meinen Erlebnissen mit Gott zu erzählen, weil mich der Glaube so begeistert. So wie wenn jemand von seinem neuen Smartphone schwärmt, weil er denkt, es wäre auch für den anderen ein Gewinn, wenn er sich ein solches zulegt, kann und sollte auch im Dialog jeder die Möglichkeit haben, davon zu reden, was ihn begeistert und trägt.

Wenn mein muslimischer Gesprächspartner dann ebenfalls diese Begeisterung erlebt und ein Christ wird, dann freue ich mich selbstverständlich darüber, genauso wie sich ein Muslim freut, wenn sein Gesprächspartner zum Islam konvertieren will. Aber eine Konversion kann keine Voraussetzung für einen gelingenden Dialog sein, sondern nur ein möglicher Nebeneffekt.

Zum Thema Mission gibt es das wegweisende Papier »Mission Respekt. Christliches Zeugnis in einer multireligiösen Welt«, in dem sich alle großen christlichen Kirchen weltweit auf einen Verhaltenskodex geeinigt haben, der zum Beispiel Manipulation oder jede Form von Gewalt ausschließt und sich zu einem respektvollen, kultursensiblen Umgang mit Andersgläubigen verpflichtet.[1]

Den anderen in seinem Glauben verstehen wollen

Doch wie kann ein konstruktiver und friedensförderlicher Dialog gelingen?

Neben der Erwartung, dass beide Seiten den missionarischen Charakter der jeweils anderen Religion akzeptieren und diesen nicht als Hinderungsgrund für einen Dialog sehen, ist es wichtig, dass alle Gesprächspartner den Wunsch haben, den anderen tatsächlich verstehen zu wollen.

Die Frage »Habe ich dich richtig verstanden, wenn du sagst, dass …?« kann viele Missverständnisse vermeiden. Dazu gehört auch, sich erst einmal genau anzuhören, was der Dialogpartner selbst über seine Glaubensüberzeugungen sagt. Vielleicht ist das etwas anderes als das, was ich bisher dachte. Möglicherweise überrascht es mich, dass mein muslimischer Gesprächspartner gute theologische Begründungen für die Gleichberechtigung von Mann und Frau hat, obwohl ich dachte, »die« Muslime haben da ein Problem. Oder ein

1 https://missionrespekt.de/_Das Papier wurde gemeinsam vom Ökumenischen Rat der Kirchen (ÖRK), der Weltweiten Evangelischen Allianz (WEA) und dem Päpstlichen Rat für Interreligiösen Dialog des Vatikans (PCID) entwickelt und 2011 veröffentlicht. Beachtlich auch ein Interreligiöses Kommunique von Muslimen und Christen zu Da'wa und Mission: http://www.ekkw.de/media_ekkw/downloads/aktuell_080820_kommunique.pdf

Muslim ist überrascht, dass ich gar nicht davon ausgehe, dass Jesus von Gott im sexuellen Sinne gezeugt wurde.

Neben dem aufmerksamen Zuhören, wie mein Gesprächspartner seinen Glauben versteht, sollte jeder der Dialogpartner auch bereit sein, sich mit der Schrift des anderen auseinanderzusetzen, um zu wissen, was tatsächlich in ihr steht. Auch dies gehört zu einem gelingenden Austausch dazu.

Außerdem sollten die Gesprächspartner wesentliche Begriffe klären, über die sie sprechen. Jeder kann beispielsweise, wenn er von »Dialog« spricht, etwas anderes meinen und andere Ziele damit verfolgen. Dies gilt auch für Begriffe wie Liebe, Toleranz oder Barmherzigkeit.

Unterschiede aushalten: Abrahamische Ökumene und gemeinsames Gebet

Im interreligiösen Dialog berufen sich Juden, Christen und Muslime gerne auf Abraham als gemeinsamen Stammvater. Der Name Abraham wird deshalb oft mit der Hoffnung auf gelingende Begegnung, ja auf Frieden zwischen den Religionen gesehen. Doch der Theologe und Islamwissenschaftler Dr. Hanna Josua sieht dieses Konzept der »Abrahamischen Ökumene« kritisch, da seiner Meinung nach der Abraham des Korans – Ibrahim – eher für Differenz als für Gemeinsamkeit steht. So heißt es in Sure 3,67: »Abraham war weder Jude noch Christ. Er war vielmehr ein (Gott) ergebener Hanif und kein Heide.«[109]

Im Koran wird Abraham anders verstanden als in der Thora oder der Bibel. Nach islamischer Auffassung gab es noch vor der Verschriftlichung der Thora und des Korans mit Abraham beziehungsweise Ibrahim einen Menschen, der den wahren Islam lebte und die Botschaft des Islams brachte. Er lebte sozusagen ohne es zu wissen bereits vor der Entstehung des Islams als muslimischer Monotheist, was im Islam als »Hanif« bezeichnet wird. Dies hängt auch mit der Überzeugung zusammen, dass jeder Mensch als Muslim geschaffen wurde und dies seine eigentliche Natur, sein Urzustand ist. (Sure 30,30)

Abraham, der nach islamischem Verständnis die islamischen Riten begründete, mit der Kaaba in Mekka das islamische Zentralheiligtum erbaute und die Gebetsrichtung von Jerusalem nach Mekka verlegte, gilt als Prototyp eines vorbildlichen Muslims – eine Vorstellung, die sich doch sehr von dem biblischen Abraham unterscheidet.

Die Frage ist, ob diese verschiedenen Sichten auf Abraham tatsächlich als gemeinsame Basis für einen Dialog taugen. Hanna Josua spricht sich dafür aus, nicht krampfhaft an vermeintlichen Gemeinsamkeiten durch Abraham festzuhalten. »Jede Religion ist auch für sich im Dialog exklusiv. Denn wenn sie das nicht ist, nimmt sie sich entweder selber nicht ernst oder vereinnahmt die andere.«[110]

»Wir glauben doch alle an denselben Gott«, betonen die Gesprächspartner im konsensorientierten Dialog. Ja, wir glauben alle an den einen Gott. Doch es ist wie bei einem Wald: Auf den ersten Blick nimmt man viele grüne Bäume wahr. Schaut man näher hin, aus welchen Bäumen der Wald besteht, sieht man, dass der eine Baum eine Buche, der andere ein Ahorn ist.

Im Dialog ist es ähnlich: Auch hier sollte man nicht nur den Wald wahrnehmen, sondern auch die Bäume, die ihn ausmachen. Je konkreter wir ins Gespräch kommen, desto schwieriger wird es, weiterhin davon zu reden, dass wir an denselben Gott glauben.

Allein wenn ein Christ vom dreieinigen Gott spricht und davon, dass er glaubt, dass dieser Gott in Jesus zu uns Menschen gekommen ist und durch den Heiligen Geist in den Christen lebt, dann ist es einem Muslim nicht mehr möglich zu sagen, dass er auch an diesen einen Gott glaubt. Ebenso wenn Christen davon sprechen, dass Gott leidensfähig ist und mitlitt, als Jesus am Kreuz starb.

Andersherum gilt dasselbe: Wenn ein Muslim sagt, er glaubt, dass Jesus zwar ein Prophet, aber nicht Gottes Sohn war und Jesus nicht am Kreuz gestorben ist, dann kann ich als Christ nicht mehr sagen: Ja, das ist genau der Jesus, an den ich glaube.

Aus diesem Grund bin ich überzeugt, dass es weder von christlicher noch von islamischer Seite eine theologische Grundlage für ein gemeinsames Gebet gibt. Ein gemeinsames Beten im Namen Jesu oder des dreieinigen Gottes, wie es im ökumenischen Kontext beispielsweise zwischen Katholiken und Protestanten gemacht wird, würde ich auch nie von Muslimen verlangen, weil ich weiß, dass ihnen das theologisch gar nicht gestattet ist.

Eine weitere Frage ist, wie wir im Dialog damit umgehen, dass der eine Gesprächspartner vielleicht von Glaubenssätzen überzeugt ist, die das Zentrum der anderen Religion angreifen. Wenn im Koran steht, Jesus wurde nicht gekreuzigt, dann ist das für mich gravierend, weil dies die zentrale Botschaft meines Glaubens ablehnt. Ebenso wenn ich höre, meine Bibel, in der ich täglich lese und die mir Halt gibt, sei »verfälscht« worden.[m] Ich wiederum könnte Muslime verletzen, wenn ich sage, dass Muhammad für mich kein Prophet ist,

---

m Dahinter steckt die Vorstellung, dass Thora, Evangelium und Koran Bücher waren, die dieselbe Offenbarung Gottes enthielten. Unterschiede zwischen Bibel und Koran lassen sich laut Koran demnach dadurch erklären, dass die Bibel im Laufe der Zeit verfälscht worden ist.

weil Jesus sagt, dass er »Alpha und Omega«, der Erste und der Letzte ist.[n]

Ein Dialog über dogmatische Kerninhalte des Glaubens kann schmerzhaft sein. Dies auszuhalten, erfordert wahrhafte Toleranz. Wichtig ist, sich auf Folgendes zu einigen: Auch wenn wir von Lehren überzeugt sind, die das Zentrum des anderen Glaubens kritisieren, werden sie nicht unsere Beziehungen zueinander negativ beeinflussen.

Religionsfreiheit bei Konversion und Ehe thematisieren

Zu den Themen, die bei einem Dialog thematisiert werden sollten, gehört auch die Religionsfreiheit, und damit verbunden die Freiheit, seinen Glauben wechseln zu können. Denn der Gradmesser für echte Religionsfreiheit ist, ob es möglich ist, problemlos seine Herkunftsreligion verlassen oder wechseln zu können. Gerade das ist in islamischen Ländern bis heute nicht einfach. In allen vier islamischen Rechtsschulen, die sich bis zum 10. Jahrhundert herausgebildet hatten, und die bis heute akzeptiert werden, steht auf Apostasie – also auf den Abfall vom Islam – die Todesstrafe. Nur eine Rechtsschule innerhalb des sunnitischen Islams, die Hanafiten, nehmen Frauen davon aus, stellen ihnen aber als Strafe Prügel und Gefängnis in Aussicht. Auch wenn nur in einzelnen Ländern wie in Saudi-Arabien oder dem Iran diese Strafe tatsächlich vom Staat durchgesetzt wird, stehen manche Ex-Muslime in der Gefahr, von ihrer Familie getötet zu werden. Die meisten Muslime in westlichen Ländern würden sich nie für die Todesstrafe aussprechen und es gibt liberalere Positionen, die die Strafe ins Jenseits verlegen, oder die betonen, dass es sich

n Offenbarung 22,13

bei der Entscheidung der Religionszugehörigkeit um eine private Angelegenheit zwischen Gott und den Menschen handelt. Dennoch ist es auch für die allermeisten dieser Menschen ein absolutes Tabu, den Islam zu verlassen. Deshalb bleiben viele von ihnen weiter Namensmuslime, auch wenn sie sich innerlich längst von der Religion verabschiedet haben. Das heikle Thema der Konversion wird im Dialog gerne verschwiegen. Wir sollten es aber ansprechen. Denn ich erlebe immer wieder, zu welchen Problemen es führt, wenn die Religionsfreiheit und damit das Verlassen des Islams in bestimmten Ländern nicht erlaubt ist.

Glücklicherweise gibt es in Europa Religionsfreiheit. In vielen christlichen Gemeinden in Europa sind Konvertiten bestens integriert. Doch wenn wir für Religionsfreiheit sind, dann sollten wir uns auch weltweit dafür einsetzen. Ich bin nicht dafür, dass wir Muslime in Deutschland dafür verantwortlich machen, wie ihre Glaubensgeschwister in islamischen Ländern handeln, nach dem Motto: Wir lassen euch in Deutschland keine Moscheen bauen, solange in der Türkei keine Kirchen gebaut werden dürfen. Aber ich wünsche mir von allen, und damit auch von meinen muslimischen Freunden, dass wir gemeinsam unsere Stimme erheben für die Stimmlosen und uns weltweit für Religionsfreiheit einsetzen. Denn Religionsfreiheit gilt jedem, den Uiguren in China ebenso wie den Jesiden oder den Christen in Saudi-Arabien.

Ein Integrationshindernis ist auch, dass eine Muslimin noch heute laut allen vier großen Rechtsschulen keinen Nichtmuslim heiraten darf. Ein muslimischer Mann darf eine »Frau des Buches« heiraten, so wie Muhammad auch die Jüdin Safiyya und die Christin »Maria die Koptin« (Maria al Qibtiyya) zur Frau genommen hat und wie es im Koran in Sure 5,5 steht.

Andersherum ist es nicht erlaubt, da der Glaube über den Mann an die nächste Generation weitergegeben wird: So sind die Kinder eines männlichen Muslims automatisch Muslime. Außerdem begründen die islamischen Gelehrten das Verbot einer Heirat damit, dass Frauen emotionaler als Männer seien und in der Gefahr stehen, ihren Glauben zu verlassen, wenn sie einen Nichtmuslim heiraten. Das setzt eine muslimische Frau, die einen Nichtmuslim liebt und ihn heiraten möchte, häufig gewaltig unter Druck. Wenn ihr Freund nicht zum Islam konvertiert, muss sie sich, wenn sie in einer traditionell-islamischen Familie aufgewachsen ist, oft entscheiden: Entweder sie heiratet ihn und verliert ihre Familie oder andersherum: Sie entscheidet sich für ihre Familie und verliert damit ihren Freund.

Das Zentrum für Islamische Theologie in Tübingen hat unter Leitung von Professor Mouez Khalfaoui eine Vorstudie mit 101 Befragten durchgeführt zum Thema »Ehe und Scheidung im Islam«. Auch wenn die Vorstudie nicht repräsentativ ist, liefert sie interessante Ergebnisse. Drei Viertel der Befragten finden eine Ehe mit Nichtmuslimen problematisch – vor allem aus religiösen Gründen.

»Es gibt viele muslimische Frauen, die anonym und von der Familie getrennt leben, weil sie sich für einen nichtmuslimischen Mann entschieden haben«, sagte Khalfaoui in einem Interview.

»Es gibt einige Imame, die dennoch solche Paare verheiraten. Dies geschieht allerdings heimlich, aus Angst, dass sie in ihrem eigenen Job als Imam Schwierigkeiten bekommen. Vor allem ist es auch hier wichtig, dass namhafte Gelehrte und große Institutionen etwas unternehmen und diese Menschen nicht im Stich lassen. Sonst entfernen sich viele Musliminnen und Muslime von ihrer Religion oder lehnen sie aus diesem Grund kategorisch ab«, so der Tübinger Professor.[111]

Selbstverständlich ist es möglich, dass in Deutschland eine Muslimin per Standesamt einen Nichtmuslim heiratet, was in den meisten islamischen Ländern nicht erlaubt ist. Aber dass eine interreligiöse Ehe durch einen Imam geschlossen wird, bei der die Frau Muslimin ist und der Mann Christ, ist auch hierzulande äußerst selten.

Die religiös begründete Ungleichbehandlung von Frauen und Männern, die einen Nichtmuslim heiraten wollen, ist hinderlich für eine Integration in Deutschland und braucht theologische Lösungen. Ich glaube, die hiesigen Moscheen könnten in dieser Frage viel zur Integration beitragen, wenn die dortigen Imame Ehen auch für muslimische Frauen mit einem Andersgläubigen akzeptieren würden.

Die Balance zwischen Liebe und Wahrheit

Als Dialogpartner sollte ich gut informiert sein, mit welchem Verband oder Moscheeverein ich es zu tun habe,[112] und kritische Anfragen nicht unter den Tisch fallen lassen. Die Frage ist also nicht so sehr, mit wem Dialog geführt wird, sondern auf welche Weise. Dialogbereite finden Gesprächspartner in fast allen muslimischen Gruppen. Bei Unklarheiten oder kritischen Anfragen hilft ein Gespräch mehr, als sich vorschnell abzugrenzen.

Wenn ich eine gemeinsame Veranstaltung zwischen Moschee- und Kirchengemeinde organisiere, habe ich eine Verantwortung meiner Gemeinde gegenüber. Denn ihr muss ich vermitteln, mit welchem Ziel ich den Dialog führe und warum sie diese Art von Veranstaltungen ebenfalls unterstützen sollten. Obwohl ich privat mit jedem spreche, sollte ich überlegen, wem ich durch eine gemeinsame Veranstaltung eine

Bühne bieten will. Noch vorsichtiger sollte man mit Kooperationen und gemeinsamen längerfristigen Projekten sein, und sich die jeweiligen Partner mit Bedacht auswählen.

Für offizielle Begegnungen eignet sich am besten ein neutraler Ort, also keine Moschee oder Kirche. Auch ein geschützter Rahmen ohne Medienpräsenz oder größere Öffentlichkeit ist für ein erstes Kennenlernen hilfreich.

Wer diese Dinge beachtet, kann einen guten Dialog führen und so einen wichtigen Beitrag zum gelingenden Zusammenleben leisten. Denn: »Unwissenheit führt zu Angst, Angst führt zu Hass und Hass führt zu Gewalt. Das ist die Gleichung«[113], wusste bereits der muslimische Philosoph, Jurist und Arzt Ibn Rushd alias Averroes (1126–1198). Und deshalb ist es auch wichtig, dass Gläubige sich in ihren Ansichten austauschen und kennenlernen.

Ein friedlicher, konstruktiver Dialog ist nur möglich, wenn er sich in einer Balance zwischen »Liebe« und »Wahrheit« befindet. Es ist wichtig, dem Gegenüber mit Wertschätzung und Respekt zu begegnen – ohne davor zurückzuscheuen, auch heikle Themen wie Konversion oder eine mögliche Ehe zwischen einer Muslimin und einem Nichtmuslim anzusprechen. Geht die Balance verloren und wird ein Wert übertrieben oder sogar verabsolutiert, droht eine Beliebigkeit oder falsche Toleranz, die alles für »gleich gültig« erklärt, die aber gar nicht hilfreich ist. Eine solche Haltung steht in der Gefahr, die eigenen Werte und Überzeugungen wegen des Wunsches nach Harmonie aufzugeben. Wird dagegen die kritische Perspektive übertrieben, kommt es zu pauschaler Verurteilung, Ausgrenzung oder Feindseligkeit.[114] Es ist nicht einfach, im Dialog diese Spannung zwischen Wahrheit und Liebe auszuhalten und zu leben, aber es lohnt sich, sich darum zu bemühen – um des Friedens willen!

13.

Muslimischer Antisemitismus

24. Februar 2025, Berlin: Die Hausfassade der Berliner Synagoge in der Brunnenstraße in Berlin-Mitte wird mit einem antisemitischen Schriftzug beschmiert: »I like November« und eine umgedrehte 9. Eine Anspielung auf die Novemberpogrome 1938.[115]

13. April 2025: Unbekannte in Weimar beschmieren sieben Stolpersteine mit roter Farbe und schütten auf einen der Stolpersteine zusätzlich eine säurehaltige Flüssigkeit.

25. Mai 2025: Hamburgs Antisemitismusbeauftragter Stefan Hensel fährt mit seiner Tochter im Auto und hört dabei Musik auf Hebräisch, woraufhin ein Lieferwagenfahrer ihn als »Kindermörder« und »Scheiß-Israeli« beschimpft. Es folgt der Versuch seitens des Lieferwagenfahrers den Antisemitismusbeauftragten von der Straße abzudrängen.[116]

13. Juni 2025: Die Bar Bajszel in Berlin-Neukölln wird erneut angegriffen: Eine 18-Jährige beschimpft einen der Besitzer mit »Scheiß Jude«. Im Anschluss wirft ihr 14-jähriger Bruder einen Pflasterstein in Richtung des Lokals und dessen Gäste. Die Gäste werden ebenfalls beschimpft. Das Café positioniert sich öffentlich gegen Antisemitismus und solidarisiert sich mit den Opfern antisemitischen Terrors und Gewalt.[117]

Dies sind aus der »Chronik antisemitischer Vorfälle« der Amadeu Antonio Stiftung willkürlich herausgesuchte Vorfälle. So traurig es ist: Auch mehr als 80 Jahre nach Kriegsende gibt es Antisemitismus in Deutschland. Laut der 12. Leipziger Autoritarismus Studie 2024 sind bundesweit 9 Prozent der

Bevölkerung der antisemitischen Auffassung, der »Einfluss der Juden« sei zu hoch. Zurückgewiesen wird diese Aussage sogar nur von zwei Dritteln der Befragten.[118]

Blickt man auf die Erscheinungsform des sogenannten »Israelbezogenen Antisemitismus«[119] ist die Zahl sogar noch größer: 43 Prozent in der Gesamtbevölkerung stimmten bereits vor dem Massaker der Hamas in Israel vom 7. Oktober 2023 und dem anschließenden Gaza-Krieg der Aussage zu: »Was der Staat Israel heute mit den Palästinensern macht, ist im Prinzip auch nichts anderes als das, was die Nazis im Dritten Reich mit den Juden gemacht haben.«[120]

Dies sollte im Blick sein, wenn im Folgenden über Antisemitismus unter Muslimen gesprochen wird: Antisemitismus ist ein Problem, das alle Bereiche der Gesellschaft angeht. Er ist nicht nur ein Thema unter Rechtsextremen oder Linksextremen, sondern antisemitische Einstellungen finden sich auch in der Mitte der Gesellschaft.[121] Es greift deshalb zu kurz, Antisemitismus nur als »Import« zu sehen, den Zuwanderer aus dem islamischen Kulturkreis mitgebracht haben.

Und doch hat die Bedrohung der Juden zugenommen, was unter anderem auch an dem Zuzug von muslimischen Migranten liegt, in deren Ländern antisemitische Einstellungen besonders weit verbreitet sind.[122]

Ich finde es dramatisch, dass Juden in Deutschland, aber auch in Europa sich nicht mehr sicher fühlen können. Ein Mitarbeiter eines psychosozialen Zentrums für traumatisierte Flüchtlinge in Baden-Württemberg erzählte mir, dass seine syrischen Klienten ihn wegen seines »jüdischen« Vornamens David gehänselt hätten. Eine jüdische Psychologin berichtete mir im Vertrauen, dass sie ihre Religionszugehörigkeit im Umgang mit ihren überwiegend muslimischen Klienten verheimlicht, weil sie Angst vor Hass und Aggression ihr gegenüber hat. »Du Jude«, ist auf manchen Schulhöfen unter Jugendlichen aus dem muslimischen Kulturkreis ein Schimpfwort.

In einer europaweiten Umfrage, die von Januar bis Juni 2023 stattfand, sagten fast alle der Befragten, sie hätten im vergangenen Jahr Antisemitismus erlebt, acht von zehn nehmen einen wachsenden Antisemitismus wahr und mehr als die Hälfte haben Angst um ihre Sicherheit.[123]

Im Jahr 2024 wurden in Deutschland rund 6240 antisemitische Straftaten polizeilich erfasst. Damit stieg ihre Zahl auf einen Höchststand. Die Gewalttaten darunter erreichten mit 173 ebenfalls einen Rekordwert.[124]

Woher kommt dieser muslimische Antisemitismus? Er ist eine Mischung aus Verschwörungstheorien und Importen aus der NS-Ideologie und wurde durch den Nahostkonflikt und den in derselben Zeit aufkommenden Islamismus verschärft. Die Basis des Judenhasses, die den muslimischen Antisemitismus von links- und rechtsextremem Antisemitismus unterscheidet, ist – so sagt es ja schon der Begriff – die religiöse Komponente: Die Wurzel dieses Antisemitismus basiert auf islamisch-theologischen Begründungen und kann deshalb auch nur mit religiösen Argumenten bekämpft werden.

Antijudaismus im Koran

Der Koran enthält Stellen, in denen Juden durchaus in einem positiven Licht erscheinen. So sind die Juden erwählt und ausgezeichnet vor allen Menschen in der Welt.[o] Gott hat ihnen Gnade erwiesen und sie zu Vorbildern gemacht,[p] sie zu Propheten berufen und zu Königen gemacht.[125] Alle, die an Gott und den Jüngsten Tag glauben und tun, was recht ist – auch Juden werden explizit erwähnt – erhalten göttlichen Lohn und brauchen vor dem Gericht am Jüngsten Tag keine Angst haben.[q] Aber es gibt auch antijüdische Verse im Koran. So werden Juden, die den Sabbat nicht halten oder auf eine andere Art sündigen, von Gott zur Strafe in Affen und an anderer Stelle in Schweine verwandelt.[r] Diese Entmenschlichung der Juden – auch wenn sie sich im Koran nur auf die Sünder unter den Juden bezieht – kann zu einer negativen Einstellung gegenüber allen Juden führen. So wurde mir damals in der Koranschule pauschal beigebracht, dass Juden die Nachfahren von Affen und Schweinen sind. Außerdem lernte ich, dass eine ewige Feindschaft zwischen Muslimen und Juden besteht, weil diese den Propheten abgelehnt und dadurch den Zorn Gottes erregt haben. Ohne dass ich damals als achtjähriger Junge bereits viel über den Nahostkonflikt Bescheid wusste, empfand ich schon allein aus diesem Grund eine tiefe Abneigung gegenüber Juden. »Wenn Allah sagt, die Juden sind schlecht, dann muss ich auch gegen sie sein«, war mir klar.

---

o Sure 2,47

p Sure 28,3–6

q Sure 2,62

r Sure 2,65 und 7,166 und 5,60

Gute Juden – schlechte Juden, diese Ambivalenz in den Koranversen lässt sich mit den Lebenserfahrungen Muhammads erklären: Während der islamische Prophet zu Anfang die Juden für seine Verbündeten und Glaubensgeschwister hielt, änderte sich seine Einstellung ihnen gegenüber, als diese ihn als Propheten ablehnten. So ist es auffällig, dass alle positiven Verse über Juden aus der mekkanischen oder frühmedinensischen Zeit stammen, in der Muhammad noch darum bemüht war, die Juden dazu zu bringen, ihn als Propheten anzuerkennen. Als seine Bemühungen scheiterten, wurde der koranische Ton den Juden gegenüber feindseliger.

Antijudaismus in den Hadithen

Auch in der islamischen Überlieferung, den Hadithen, finden sich Aussprüche, die bis heute verwendet werden, um Antisemitismus zu legitimieren. In den Hadithen finden sich sogar wesentlich judenfeindlichere Aussagen über Juden als im Koran. Im Zusammenhang mit Berichten über die endzeitliche Schlacht zwischen Juden und Muslimen soll Muhammad laut einem Hadith Folgendes gesagt haben:

»Die Stunde wird nicht eintreten, bis die Muslime gegen die Juden so lange kämpfen und sie töten und sich der Jude hinter einem Stein und einem Baum verstecken wird. Da sagt der Stein oder der Baum: ›O Muslim! O Diener Allahs! Dieser ist ein Jude hinter mir, so komm und töte ihn!‹ Der einzige Baum, der das nicht macht, ist Al-Gharqad, denn er gehört zu den Bäumen der Juden.«[126]

Diesen Hadith benutzen Islamisten bis heute gerne, um ihren Kampf gegen Israel zu legitimieren. Beispielsweise findet er sich auch in der Charta der palästinensischen Terrororganisation Hamas. Und auch der türkische Präsident Recep Tayyip Erdoğan spielte aus meiner Sicht auf diesen Hadith an: Bei einem Sondergipfel der Organisation für Islamische Zusammenarbeit (OIC) Ende 2017, bei dem die Anerkennung »des besetzten Jerusalem« als Hauptstadt eines Palästinenserstaates beschlossen wurde, drohte er den Juden Israels, sie würden zu gegebener Zeit »keinen Baum finden, hinter dem sie sich verstecken können«.[127]

Muhammads Zorn auf Juden

Als Verfechter des Monotheismus in einer heidnischen Umwelt sah Muhammad in den Juden seine natürlichen Verbündeten und hatte keinen Zweifel, dass diese ihn als ihren lang erwarteten Messias anerkannten. Theologisch gesehen verband ihn mit den Juden sehr viel. Er versuchte, ihnen entgegenzukommen, indem er die Muslime in Medina unter anderem dazu anhielt, ebenfalls wie die Juden Richtung Jerusalem zu beten.[128] Doch das friedliche Zusammenleben änderte sich bald: »Der Prophet forderte die Juden auf, den Islam anzunehmen, versuchte, sie dafür zu begeistern, und warnte sie vor der Eifersucht und der Strafe Gottes. Sie aber wiesen ihn zurück und glaubten nicht an seine Botschaft«, schreibt Ibn Ishaq (um 704–767/68) in seiner unter Muslimen sehr bekannten »Sira«, seiner Biografie über den islamischen Propheten.[129]

Diese Zurückweisung seiner Botschaft durch die Juden hatte gravierende Folgen: 18 Monate nach seiner Ankunft in Medina änderte Muhammad die Gebetsrichtung der Muslime nach Mekka, wie es auch im Koran nachzulesen ist.[s]

---

s Sure 2,144

Von nun wandte er Jerusalem und damit den Juden den Rücken zu – äußerlich, aber auch innerlich, theologisch. Für mich ist die Veränderung der Gebetsrichtung wie eine Kriegserklärung an die Juden, die zeigt: Wir sind keine Brüder im Glauben mehr.

In der Folge kam es zu Auseinandersetzungen mit den jüdischen Stämmen in Medina, wie wir aus den Hadithen und der Sira erfahren. Muhammad soll demnach die Stämme Banu Quainuqa und Banu Nadir aus Medina vertrieben haben. Der dritte jüdische Stamm Medinas, Banu Quraiza, soll während der Belagerung Medinas bei der sogenannten Grabenschlacht die Feinde Muhammads unterstützt haben. Die Folge war: Muhammad ließ laut der islamischen Überlieferung zu, dass im Jahr 627 alle Männer des Stammes – ihre Anzahl schwankt zwischen 400 und 900 – enthauptet und die Frauen und Kinder versklavt wurden. Im Jahr 628 führte Muhammad einen Feldzug gegen die Oase Chaibar, die etwa 150 Kilometer von Medina entfernt lag und von Juden besiedelt war. Chaibar war das erste von Muslimen eroberte Gebiet und hat deshalb Symbolcharakter. Warum erwähne ich diese Auseinandersetzungen Muhammads mit den Juden so ausführlich? Weil sie bis heute die Einstellung von vielen Muslimen gegenüber Juden prägen.

Am 5. Oktober 2024 versammelten sich in der Innenstadt von Hannover Menschen auf einer Kundgebung für den Libanon, schwenkten dabei aber auch mindestens eine Fahne in Gelb, die an jene der Hisbollah erinnert. Sie riefen nach Angaben eines freien Journalisten »Khaybar, Khaybar, ya yahud« (»Juden, erinnert euch an Khaybar«). Dies ist ein kleines Beispiel dafür, wie scheinbar längst vergangene Geschichte wieder brandaktuell wird. Diese Muslime, die durch Hannover zogen, betrachten Muhammads Kampf gegen Chaibar nicht als abgeschlossenes historisches Ereignis, sondern bringen die Juden von heute damit in Verbindung – das Verhalten Muhammads im siebten Jahrhundert gegenüber Juden hat direkte Auswirkungen auf die Haltung von Muslimen gegenüber Juden im 21. Jahrhundert.

Um die Wurzel dieses islamischen Antijudaismus anzugehen, müssen islamische Theologen anders mit den Quellen der islamischen Geschichtsschreibung umgehen. So ist es erfreulich, wenn Mouhanad Khorchide in seinem mit Walter Homolka veröffentlichten Buch »Umdenken« zu bedenken gibt, dass die islamische Geschichtserzählung über das Wirken des Propheten Muhammad nicht unreflektiert als historische Tatsache gesehen, sondern nur mit größter Vorsicht genossen werden sollte, da die Berichte erst viele Jahre nach dem Tod Muhammads entstanden. Indem sich die islamische Geschichtsschreibung gegenüber Judentum und Christentum teils polemisch abgrenze, wolle sie die islamische Identität bestärken, ist seine Erklärung zu den teils judenfeindlichen Berichten.[130]

Hakan Turan, der am Seminar in Stuttgart Gymnasiallehrer für islamische Religionslehre ausbildet, sagt, dass die stellenweise polemischen Passagen des Korans über Juden sich nicht allgemein auf alle Juden beziehen, sondern auf konkrete Auseinandersetzungen auf der arabischen Halbinsel mit ganz bestimmten Adressaten und dass sie deshalb nicht universal gültig sind.[131] Diese Interpretationen, die bisher Minderheitenmeinungen sind, sind unterstützenswert und sie sollten mehr Gehör finden – vor allem unter den Gelehrten der traditionellen islamischen Theologie.

Der Nahostkonflikt, der den Judenhass befeuert

Der Nahostkonflikt ist nicht Grundlage des Judenhasses, aber er hat ihn befeuert. Die arabisch-islamische Welt nimmt Israel als »Fremdkörper« wahr. Das Wort »Israel« ist meines Wissens bis heute auf keiner arabischen Landkarte eingezeichnet, stattdessen wird das Gebiet des Staates Israel als »Palästina« bezeichnet. Selbst in einem westlich geprägten Land wie dem Libanon darf der Staat Israel nicht auf dem Papier existieren, wie viele libanesische Landkarten zeigen.

Die Niederlagen des Sechstagekrieges 1967 und des Jom-Kippur-Krieges 1973 gegen Israel sitzen tief im Herzen der Araber. Ich trage den Nahostkonflikt sozusagen in meinem Namen: Mein Vater gab mir als Vor- und Zweitnamen die Namen »Yassir Arafat«, nach dem Vorsitzenden der Palästinensischen Befreiungsorganisation PLO und dem späteren palästinensischen Präsidenten Jassir Arafat (1929–2004). Damals setzte mein Vater große Hoffnungen auf den Begründer der palästinensischen »Befreiungsbewegung« und der terroristischen Organisation »Fatah« und hoffte, dass Allah ihn als Instrument benutzen würde, um Israel zu beseitigen.

Nach der Schmach des Sechstagekrieges im Jahr 1967 trafen sich am 1. September 1967 die Führer acht arabischer Staaten in meiner Heimatstadt Khartum. »Unsere Ehre wurde angegriffen, man muss etwas machen«, da waren sich alle einig. Sie verabschiedeten die Khartum-Resolution, die neben einem Aufruf zum weiteren Kampf gegen Israel drei »Nein« beinhaltete: KEIN Frieden mit Israel, KEINE Anerkennung Israels und KEINE Verhandlungen mit Israel. Diese Konferenz, bei der mein Vater federführend mit dabei war, war ein klares politisches Signal und begründete in der Zeit, in der nach dem Sechstagekrieg überall der Islamismus zunahm, eine neue Dimension des Judenhasses. Die Israelis wurden als imperialistische »Zionisten« betrachtet und alle Juden weltweit mit ihnen gleichgesetzt. Deshalb wurden nach Ende des Sechstagekrieges auch die Juden, die im Sudan lebten, stark angefeindet und bedrängt. Die Bedrohung war so schlimm, dass Ende 1967 fast alle sudanesischen Juden das Land verlassen hatten.

Vertreibung von Juden aus der islamischen Welt

In der islamischen Geschichte gab es auch Epochen, in denen eine relative Toleranz gegenüber Juden herrschte, wie zum Beispiel das »Goldene Zeitalter« in Spanien, in dem sowohl in den Naturwissenschaften als auch in der Philosophie, Literatur, Poesie und Kunst die stark, aber nicht ausschließlich islamisch geprägte arabische Kultur einen Höhepunkt erreichte. Wie der israelische Historiker Yehuda Bauer (1926–2024) feststellte, spielten Juden dabei eine wesentliche Rolle. Obwohl sie nicht als gleichberechtigte Bürger betrachtet worden seien, hätten sie zum Aufblühen von Kunst und Wissenschaft beigetragen. Es gab im Miteinander von Juden und Muslimen Höhen und Tiefen des Zusammenlebens: »Die Praxis unterschied sich von der Theorie. Aber die Theorie war und ist durchaus problematisch.«[132]

Heute sind von fast 900 000 Juden, die vor 1948 in arabischen Ländern lebten, nur wenige Tausend übrig geblieben. Die jüdische Gemeinde in Syrien beispielsweise wurde von 30 000 auf weniger als 15 Personen dezimiert. Etwa die Hälfte aller in Israel lebenden Juden sind Nachfahren von jüdischen Flüchtlingen aus arabischen Ländern.[133]

Auch wenn die Khartum-Resolution heute offiziell nicht mehr gültig ist, gibt es nichts, was die arabisch-islamische Welt so eint, wie der gemeinsame Hass auf Israel. Selbst verfeindete Länder wie Saudi-Arabien und der Iran sind sich einig: Jerusalem muss zurückerobert werden. Der Kampf gegen das »besetzte Palästina« schafft eine gemeinsame Identität in der gesamten islamischen Welt zwischen religiösen Islamisten und säkularen Nationalisten, zwischen Sunniten und Schiiten. Diese beiden Konfessionen haben nicht dasselbe Glaubensbekenntnis. Sie beten unterschiedlich oft am Tag, aber im Hass auf Israel sind sie vereint.

Als sudanesischer Offizier zog mein Vater im Oktober 1973 gemeinsam mit der ägyptischen Armee in den Krieg gegen Israel. Dieser Krieg ging als Jom-Kippur-Krieg in die Geschichte ein. Mein Vater war damals zufällig mit anderen sudanesischen Streitkräften in Ägypten bei einem Austausch, der die Zusammenarbeit der beiden Streitkräfte verbessern sollte.

Ich war sehr stolz darauf, dass mein Vater bei diesem Krieg dabei war, auch wenn es für uns alle schwer zu verkraften war, dass Israel wieder nicht besiegt werden konnte.

Als ich in der Studentenunion der Muslimbruderschaft an unserer Universität in Khartum aktiv war, nutzten wir auch den Hass gegenüber Israel zur Mobilisierung und luden die Studenten zu einem »Al-Quds«-Tag, also einem »Jerusalem-Tag« ein. Alle kamen, wir redeten drei bis vier Minuten über Palästina und wechselten dann zum eigentlichen Thema: Dem Dschihad gegen den christlichen Südsudan. Wir instrumentalisierten dieses emotionale Thema für unsere Zwecke.

Nie hätte ich es mir damals träumen lassen, dass mein Land ebenso wie die Emirate und Bahrain nach Verhandlungen mit dem US-Präsidenten Donald Trump die Beziehungen zu Israel normalisiert.[134] Auch wenn wegen des Bürgerkriegs im Sudan unklar ist, wie sich die Beziehung weiter entwickeln wird, sind solche Entwicklungen hoffnungsvoll, auch wenn man realistisch sehen muss, dass auf beiden Seiten taktische Gründe die Länder dazu bewogen haben. Aber besser als Feindseligkeit sind solche Abkommen allemal.

Jerusalem – tatsächlich so wichtig?

In meinem Zimmer in Khartum hing ein Bild von dem Jerusalemer Felsendom mit seiner golden glänzenden Kuppel. Dieses Bild war für mich tagtäglich ein Mahnmal, das mich daran erinnerte, nicht zu ruhen, bis das »besetzte al-Quds«, also Jerusalem, wieder im Besitz der Muslime ist.

Wie ich schon erwähnt habe, glorifizieren viele Muslime Jerusalem. Dabei gibt es dafür keine theologische Grundlage. Jerusalem kommt in keinem der Koranverse vor und ist »weder das Zentrum der Welt noch der Ort, nach dem man sich wenden muss«.[135]

In Sure 17,1 wird eine nächtliche Reise des Propheten von Mekka zur »fernen Kultstätte« – auf Arabisch »al-aqsa« – erwähnt. Sie wurde in der späteren islamischen Tradition mit Jerusalem verbunden, weshalb dort auch die Al-Aqsa-Moschee gebaut wurde. Dass der Felsendom und die Al-Aqsa-Moschee gerade auf dem Tempelberg, dem heiligen Ort der Juden, gebaut wurden und nicht woanders, zeigt, dass es den Muslimen vor allem darum ging, ein Zeichen des Sieges und der Macht zu errichten.

Aber schon zu Muhammads Zeiten entwickelten Muslime eine Feindschaft gegenüber Juden und Nichtmuslimen, die nicht nur mit den üblichen militärtaktischen Auseinandersetzungen erklärt werden kann, sondern auch theologisch begründet ist, ja sogar durch Koranverse legitimiert wird. Genau dies macht es zahlreichen Muslimen heutzutage nicht leicht, sich von einer solchen Abwertung von Andersgläubigen zu verabschieden. Das heißt nicht, dass alle Muslime eine Abneigung gegenüber Juden haben. Es gibt sehr viele Muslime, die nicht antisemitisch sind, sondern dieses Denken sogar verachten. In der mittelalterlichen Geschichte waren übrigens islamische Länder für Juden oft Zufluchtsorte, wenn sie von Christen verfolgt wurden. So floh der jüdische Philosoph Maimonides (1138–1204) etwa von Spanien nach Nordafrika und Ägypten.[136]

Es ist also nicht so, dass erst durch den Nahostkonflikt und durch Nazipropaganda Judenfeindschaft in die islamische Welt gebracht wurde. Auf dem Nährboden einer jahrhundertelangen Diskriminierung von Juden und Andersgläubigen konnte antisemitischer Hass weiter gesät werden, der sich dann zum muslimischen Antisemitismus verband. So ist die arabische Version von Hitlers »Mein Kampf« beispielsweise in Syrien in den meisten Buchläden erhältlich. Auch die schon längst als Fälschung erwiesenen, aber besonders wirkmächtigen »Protokolle der Weisen von Zion«, die von einem angeblichen Plan berichten, in dem Juden die Weltherrschaft erlangen wollen, sind dort verbreitet. Hitler gilt als Held, der allerdings »leider« die Ausrottung der Juden nicht zu Ende gebracht hat, so die Überzeugung vieler. Hinzu kommen Verschwörungstheorien, die durch das Internet weite Verbreitung erfahren. So behauptete beispielsweise der Fernsehsender al-Manar der schiitischen Hisbollah, dass 4000 Juden am

11. September 2001 nicht zur Arbeit im World Trade Center erschienen, weil sie von Israels Geheimdienst gewarnt worden waren.[137] Oder es wird neben der vollständigen Holocaustleugnung auch erzählt, dass Juden die Schoah selbst geplant hätten, damit sie in Israel eine Heimat erhalten. Auch für das Corona-Virus sollen »die Zionisten« verantwortlich sein, sagt Fatih Erbakan, Sohn des ehemaligen türkischen Ministerpräsidenten Necmettin Erbakan.[138] Wer in solch einer Gesellschaft aufwächst, in der Israel als Feind und Hitler als Held dargestellt wird, nimmt dies als Fakt wahr und kommt wohl kaum auf den Gedanken, das Gelernte zu reflektieren oder infrage zu stellen.

Antijudaismus unter christlichen Arabern

Antijüdische Einstellungen finden sich auch in christlich-arabischen Kreisen: Als ich im Libanon ein Seminar für Pastoren hielt und ihnen etwas anhand eines hebräischen Textes im Alten Testament erklären wollte, gab es Ärger. Hebräische Buchstaben, die Schrift des »Feindes«, wollte niemand sehen. »Du kannst uns doch so etwas nicht zeigen«, sagten sie zu mir. In Damaskus wollte ein Pastor nicht, dass ich einen alttestamentlichen Text im Gottesdienst vorlese, in dem das Wort »Israel« steht. Ich finde es unerträglich, wenn arabische Theologen versuchen, ihren Hass auf Israel biblisch zu legitimieren, obwohl sie dafür keine theologische Grundlage haben. Ich sage ihnen: Versucht nicht, euch im Hass auf Israel mit den Muslimen zu verbinden. Findet eure eigenen Positionen mit Blick auf den Nahostkonflikt.

Auch wenn es diesen christlich-arabischen Antisemitismus gibt, hat der muslimische Antisemitismus noch einmal eine andere Qualität: Immerhin ist meines Wissens bisher kein palästinensischer Christ Selbstmordattentäter geworden oder hat auf eine andere Weise Israelis umgebracht. Aber auch Christen haben sich dem »palästinensischen Widerstand« angeschlossen, sei es als Mitglieder der PLO oder indem sie antijüdische Propaganda verbreitet haben. So wiegelt die christlich-libanesische Sängerin Julia Boutros mit ihrem Song »Wein Al Malayeen« (»Wo sind die Millionen«) bis heute ihre Fans gegen Israel auf. In dem Lied, das auf der Videoplattform YouTube bereits mehrere Millionen Aufrufe hat, heißt es: »Wo sind die Millionen (Araber), wo ist das arabische Volk, der arabische Zorn, die arabische Ehre. ... Gott ist mit uns, größer und stärker als das Volk der Zionisten.« Solche Hymnen gegen Israel prägen Millionen und gehen in das kollektive Gedächtnis einer ganzen Generation von arabischsprechenden Menschen ein.[139]

Genauso verhält es sich mit Schulbüchern, die judenfeindliche Inhalte haben: Eine Studie des Mideast Freedom Forums Berlin untersuchte palästinensische Schulbücher und wies nach, dass darin der Kampf gegen Israel verherrlicht wird.[140] Keines der Lehrbücher erkläre, warum Juden aus Europa oder den arabischen Ländern Mitte des 20. Jahrhunderts ausgewandert sind. Keines kläre über die Schoah, also die massenweise Judenvernichtung, auf. Die Lehrbücher werden in den palästinensischen Gebieten, also im Westjordanland sowie im Gazastreifen an staatlichen sowie von der UNRWA[141] geführten Schulen verwendet. Genau hier könnte unsere Regierung ansetzen und darauf dringen, dass die Schulbücher verändert werden. Die Bundesrepublik ist laut Studie hinter den USA, der EU, Saudi-Arabien und Großbritannien die fünftgrößte Geldgeberin der UNRWA, der Hilfsorganisation für die arabischen Flüchtlinge aus Palästina, in deren

Schulen die problematischen palästinensischen Schulbücher eingesetzt werden. Außerdem ließe sich auch Einfluss nehmen über die guten europäischen Kontakte zur Palästinensischen Autonomiebehörde, die maßgeblich die problematischen Inhalte der Schulbücher festlegt.

Warum sich muslimische Theologen schwertun, Antisemitismus aufzuarbeiten

Der islamische Antijudaismus, der ein Teilaspekt des muslimischen Antisemitismus ist, kann ebenso wie der christliche Antijudaismus nur durch eine theologische Auseinandersetzung bekämpft werden. Als ich die internationale Holocaust-Gedenkstätte Yad Vashem in Israel besucht habe, war ich erschrocken, als ich die Zitate der von mir geschätzten Theologen Augustinus und Martin Luther über die Juden las. Da ist eine Saat gestreut worden, die traurigerweise bis heute unselige Früchte trägt. Aber Gott sei Dank wurde dies – wenn auch viel zu spät – kritisch aufgearbeitet, ebenso wie angebliche biblische Begründungen für Antisemitismus. Bisher kenne ich aber keinen Gelehrten in der islamischen Welt und viel zu wenige islamische Theologen in der westlichen Welt, die muslimischen Antisemitismus systematisch theologisch angehen. Theologen wie Hakan Turan und Mouhanad Khorchide gehören zu dieser rühmlichen Minderheit.

Woran liegt es, dass es ein Tabu zu sein scheint, dieses Thema theologisch zu bearbeiten? Der Grund ist meiner Meinung nach: Wer dies tut, muss gleich mehrere »Heilige Kühe« antasten. Erstens müsste man Muhammads Verhalten gegenüber Juden kritisch thematisieren. Zweitens müsste man sich von judenfeindlichen Koranversen sowie Hadithen distanzieren.

Und drittens müsste man über das heutige Israel sprechen und konstruktive Lösungen für das Zusammenleben von Israelis und Palästinensern suchen – ebenfalls ein heißes Eisen, vor allem nach dem 7. Oktober 2023 und seinen Folgen.

Vor einigen Jahren waren wir als Familie in der Türkei im Urlaub und haben dort im Hotel eine palästinensische Familie getroffen, die aus Essen kam, und deren Kinder wie unsere Kinder bereits in Deutschland geboren waren. Meine Töchter kamen mit dem Mädchen der Familie ins Gespräch und erzählten, dass wir Christen sind. Das palästinensische Mädchen entgegnete: »Gott sei Dank, dass ihr keine Juden seid.« Ich fand das sehr traurig: Dieses Mädchen wohnt seit Jahren in einer deutschen Großstadt und trotzdem ist es mental nie hier angekommen.

Doch ich kenne es von mir: Es ist nicht einfach, etwas zu hinterfragen, was man über Jahre für richtig gehalten hat. Bei mir war es ein mehrjähriger Prozess, bis ich ein normales Verhältnis zu Juden aufgebaut hatte. Die Krönung war dann mein erster Besuch in Israel, im Jahr 2014. Ich besuchte das Land, gegen das mein Vater Krieg geführt hatte. Hier zerbröselten bei vielen Begegnungen meine letzten Vorbehalte gegenüber Juden wie Sand.

Ich wünsche mir, dass ein muslimisches oder ein christlich-orientalisches Kind, das hier geboren ist und hier zur Schule geht, bei diesem Thema nicht in einen innerlichen Konflikt kommt, weil es in der Schule etwas anderes beigebracht bekommt als zu Hause. Doch es liegt an den Eltern, dass sie ihre Prägung reflektieren, sich von diesen irreführenden antisemitischen Gedanken verabschieden, und ihre Kinder bewusst vorurteilsfrei erziehen, statt ihre eigene Erziehung und Prägung an die Kinder zu »vererben« und sie so in die nächste Generation weiterzutragen.

Ich weiß, dass die Geschehnisse in Gaza unter Muslimen in Deutschland für hohe Emotionalität sorgen, wenn sie untätig zusehen müssen, wie ihre Glaubensgeschwister sterben. Kritik an der Politik Israels bedeutet keinen Verrat an Israel, wie manche meinen. Auch gegen diese Politik auf die Straße zu gehen, ist an sich legitim. Aber nicht, einen tiefen Hass gegen Juden hinauszubrüllen oder sogar gewalttätig gegenüber Juden zu werden.

Die kritische Reflexion und Auseinandersetzung mit der Politik und den jeweiligen Regierungen des Staates Israels gehört – wie bei jeder anderen Regierung auch – zum legitimen Diskurs in einer pluralistischen Gesellschaft. Unzulässig ist es allerdings, diese Kritik in eine grundsätzliche Negation der Existenzberechtigung des jüdischen Staates münden zu lassen. Denn das bedeutet eine Delegitimierung und stellt letztlich eine Form des Antisemitismus dar. Diese rote Linie darf nicht überschritten werden.

Wenn bei einer Demonstration in Neukölln auf Arabisch skandiert wird: »Habt ihr eine Waffe, erschießt damit Juden oder gebt sie der Hamas.« Oder: »Los, los, oh Hamas, du bist die Waffe, wir sind die Kugeln«, dann darf das nicht toleriert werden.[142] Islamismus und Extremismus an sich lebt davon, Ereignisse wie Gaza zu instrumentalisieren. Dann geht es nicht mehr um ein konkretes Ereignis, gegen das demonstriert wird, sondern darum, ein 1400 Jahre altes antijüdisches Narrativ zu nähren. Und das ist zu kritisieren.

Aus meiner Sicht gehört es zu einer gelungenen Integration dazu, gerade vor dem Hintergrund der deutschen Geschichte Antisemitismus in allen Facetten zu verurteilen. Wie man mit diesem Thema umgeht, zeigt klar, ob man ein Teil der Gesellschaft sein möchte oder nicht. Vielen Menschen aus Syrien, dem Iran oder anderen islamisch geprägten Ländern geht es so wie mir: Antisemitismus gehörte zu ihrer Erziehung. Judenhass war für mich damals selbstverständlich. Deshalb möchte ich niemanden anklagen, der mit diesem Mindset nach Deutschland kommt. Muslime und Migranten sind ebenso wie alle anderen Bürger in Deutschland, gefragt, sich zu positionieren: Wollen sie den Wunsch nach einem »Nie wieder!« teilen, ja setzen sie sich in ihrer Umgebung aktiv gegen Antisemitismus ein? Und sind sie bereit, vielleicht auch manche problematische Prägung und Tradition zu hinterfragen?

Vorbildlich in seiner klaren Haltung ist für mich der Pädagoge Burak Yilmaz. In seinem Buch »Ehrensache. Kämpfen gegen Judenhass« berichtet er davon, wie, als er in einem Duisburger Jugendzentrum arbeitete, nach einer antiisraelischen Demo vier Jungs aus dem Jugendzentrum hereinkommen. Sie stellen sich in einer Reihe auf, strecken den rechten Arm aus und schreien »Heil Hitler«. Als Yilmaz sie hinauswirft, ruft einer von ihnen: »Wir sind Antisemiten. Du kannst uns nicht ändern.« Dieses Erlebnis bringt den Pädagogen sehr zum Nachdenken: »Judenhass habe ich schon oft erlebt. In der Koranschule, auf Familienfeiern, im deutschen Umfeld, als Schiedsrichter auf dem Fußballplatz. Aber die Erfahrung mit den vier Jungs markiert den Höhepunkt. Über Wochen lässt mich das nicht los. Vielleicht haben sie recht, vielleicht kann ich daran nichts ändern. Doch mich verändert dieser Tag gewaltig. Ich treffe eine Entscheidung. Ich will etwas tun. Ich will kämpfen gegen Judenhass, das wird für mich Ehrensache.«

Burak Yilmaz organisiert das Projekt »Junge Muslime in Auschwitz« und verbindet die Reise in das ehemalige Konzentrationslager mit Biografiearbeit, Begegnungen mit Juden aus Deutschland und einem Theaterprojekt. Außerdem startet er eine Filmreihe »Junge Muslime gegen Antisemitismus«.

Antisemitismus gebe es in allen Teilen der Gesellschaft und sei noch längst nicht Vergangenheit, so Yilmaz, der das Bundesverdienstkreuz für seine Arbeit erhalten hat. »Jüdisches Leben in Deutschland ist bedroht. Wie wir dieser Bedrohung begegnen, wird für den Zusammenhalt unserer Gesellschaft entscheidend sein.«[143]

14.
Identität und Werte

»Es kennzeichnet die Deutschen, dass bei ihnen die Frage ›Was ist deutsch?‹ niemals ausstirbt«, sagte bereits der Philosoph Friedrich Nietzsche (1844–1900). Tatsächlich hat unsere Gesellschaft ein Identitätsproblem. Wer sind wir und was sind unsere Ideale? Was macht uns aus? Und gibt es etwas, das uns als Gesellschaft, die immer pluraler und gespaltener wird, zusammenhält? Manchmal habe ich den Eindruck, dass viele Menschen sich vor allem durch Abgrenzung und Ausgrenzung definieren. Wir wissen relativ genau, was wir nicht sind, aber können nicht formulieren, wofür wir stehen. Debatten über einen radikalen Islam und Integration sind dann nur ein Symptom für ein tiefergehendes Problem, das wir in der Gesellschaft haben, nämlich, dass uns eine positive Identität fehlt. Unsere Gesellschaft sollte sich wieder auf ihre eigenen Werte besinnen, statt sich nur negativ davon abzugrenzen, was wir nicht sind.

Der erste Bundespräsident, Theodor Heuss (1884–1963), sah Europa auf drei Hügeln gebaut: Der Hügel Golgatha stehe für Frieden, die Akropolis in Athen für Demokratie und das römische Kapitol für eine Rechtsordnung.[144] Die Hügel der Rechtsordnung und Demokratie geben diesen Rahmen, in dem wir als Gesellschaft leben können. Sie sind der »Minimalkonsens« für ein friedliches Zusammenleben. Aber auch das Grundgesetz mit seinen unverhandelbaren Menschenrechten braucht eine Quelle, die diese legitimiert: Eine wesentliche Quelle ist und bleibt – um im Bild der drei Hügel zu bleiben – Golgatha. Der Ort, an dem Jesus starb, ist die Wiege des Christentums. Dass der christliche Glaube die Demokratie in der Bundesrepublik entscheidend geprägt hat, zeigt schon der Gottesbezug in der Präambel des Grundgesetzes. »Die Würde des Menschen ist unantastbar« ist ebenfalls ein zutiefst jüdisch-christlich geprägter Satz und steht bewusst als Motto über dem Grundgesetz. Von dieser Voraussetzung leben wir und sie hat unsere Gesellschaft und Gesetze geformt.

Wir sollten uns auf das besinnen, was uns trägt – auf unsere Wurzeln. Indem wir aktiv und überzeugt unsere Werte leben, zeigen wir, dass wir etwas Attraktives anzubieten haben, wie unser Zusammenleben gelingen kann. Denn der Gesetzestext allein reicht nicht aus. Es braucht Quellen, durch die er im Alltag mit Leben gefüllt wird. Eine Lampe, deren Kabel in einer Steckdose steckt, kann leuchten. Ihre Energiezufuhr ist durch eine Quelle sichergestellt. Aber ohne Kontakt zur Stromquelle hat die Lampe keine Leuchtkraft. Ich bin überzeugt, dass der Glaube eine solche Energiequelle sein kann. Jeder Mensch verlangt nach etwas Transzendentem, so wie es bereits der Kirchenvater Augustinus (354–430) sagte: »Unruhig ist unser Herz, bis es Ruhe findet in dir [Gott].« Mit dieser inneren Ruhe und Gelassenheit, die ich in Gott finde, kann ich auf andere zugehen und mich auch für Neues öffnen. Damit behaupte ich nicht, dass nur der christliche Glaube unser Grundgesetz oder die Menschenrechte legitimieren kann. Ich denke, ein säkularer Staat sollte alle Quellen fördern, die diese Werte aus ihrer Tradition heraus begründen, egal, ob dies nun das Christentum, der Humanismus oder eine Form des Islams ist, die diese Werte propagieren und in der Praxis aktiv leben. Aber das Christentum ist historisch gesehen eine der Hauptquellen, die zum Entstehen des Grundgesetzes beigetragen haben.

Das Grundgesetz

Braucht es zu einer gelingenden Integration dann nur das Grundgesetz? Wenn wir uns die Fälle ansehen, die vor Gerichten landen, wie beispielsweise der Streit um das Kopftuchtragen von Lehrerinnen oder Richterinnen, dann berufen sich in der Regel beide Konfliktparteien auf die Verfassung: Die einen betonen die Religionsfreiheit, die anderen die Neutralität des Staates. Dies bedeutet, dass das Grundgesetz eben nicht klar sagt, was Religionsfreiheit oder Menschenwürde genau ist, sondern diese immer neu interpretiert werden müssen. Laut Daniel Thym, Professor für Europa- und Völkerrecht an der Universität Konstanz, trifft das Grundgesetz selten klare Aussagen bei aktuellen Streitfragen. Deshalb ersetze eine Verfassung keine Debatten, sondern verlange nach ihnen.[145] Und diese Debatten sind dringend nötig, um einen gesellschaftlichen Konsens entstehen zu lassen. Wir müssen darüber reden, wie wir in einer Gesellschaft leben wollen. Das Grundgesetz kann der Bezugspunkt dafür sein. Aber den sozialen Zusammenhalt kann es allein nicht schaffen. Und deshalb sollten wir auch darüber nachdenken, was über das Grundgesetz hinaus die Gemeinsamkeiten in einer immer pluraler werdenden Gesellschaft sind, die Solidarität und eine gemeinsame Identität schaffen können.

Was uns zusammenhält

Als ich in der evangelisch-arabischen Gemeinde in Stuttgart arbeitete, traf ich einen Mann aus Saudi-Arabien, dessen Kind in Stuttgart in der Kinderklinik behandelt wurde. Er trug das traditionelle weiße Gewand und eine rot-weiße Kopfbedeckung, die Kufiya. Ich lud ihn ein, sich die Stiftskirche anzuschauen und machte eine kleine Führung mit ihm. Er zeigte sich beeindruckt von dem Gebäude, aber auch von dem Leben in Deutschland insgesamt. Unvermittelt fragte er mich, wie viel Öl- und Gasvorkommen es in Deutschland gibt. Ich erklärte ihm, dass Deutschland weder Öl noch Gas fördert. Er war höchst erstaunt und konnte das kaum glauben. Als Zeichen der Verwunderung nahm er sogar seine Kopfbedeckung ab. »Wie kann man ohne Öl so fortschrittlich sein?«, fragte er mich. Ich erklärte, dass die Kraft des Denkens und der Kreativität diese Gesellschaft ausmacht und außerdem viele in der Bevölkerung für ihren beruflichen Erfolg hart arbeiten. Solche Ideale stehen nicht direkt im Grundgesetz, sie können auch nicht verordnet werden, aber sie machen ebenfalls einen Teil der Werte aus, die diese Gesellschaft zusammenhält, und die eine Integration befördern.

Wenn ich überlege, was mich an diesem Land damals als neu angekommener Migrant fasziniert hat, und was ich auch von anderen Zuwanderern höre, was sie an Deutschland schätzen, dann sind das neben Fleiß, Kreativität und Leistungsbereitschaft vor allem folgende Dinge:

- Verbindlichkeit: Wenn man etwas zusagt, hält man es ein.
- Ehrenamtliches Engagement
- Es ist möglich, friedlich zusammenzuleben, egal, ob der Nachbar Atheist, Buddhist oder Muslim ist.

- Jeder Mensch ist gleich viel wert ist, egal ob Frau oder Mann. Diese Rechte stehen nicht nur auf dem Papier, sondern werden gelebt.
- Es gibt Sicherheit, und Kinder können sich frei bewegen, ohne dass ich Angst haben muss, dass sie entführt oder durch Terror oder Krieg getötet werden.
- Seit Jahrzehnten leben wir in Frieden und versuchen, über die Verbrechen des Dritten Reiches offen zu reden, um diese bestmöglich zu verarbeiten.
- Es ist eine Tugend, zu Fehlern zu stehen, sich für sie zu entschuldigen und aus ihnen zu lernen.
- Es gibt eine Gesundheitsversorgung für alle Menschen – unabhängig vom Geldbeutel, der Religion oder der Nationalität. Ein Arzt behandelt im Notfall jeden.
- Es gibt Regeln, an die sich jeder hält, ohne dass ein Polizist sie kontrollieren muss. Wenn die Ampel rot ist, dann hält man und wartet auf Grün.

Und auch die viel belächelte schwäbische Kehrwoche sei hier erwähnt. Weil sie für mich ein Symbol dafür ist, dass es Menschen in dieser Gesellschaft gibt, die sagen: Ich kehre vor meinem Haus, weil ich dazu beitragen möchte, dass unser Ort schön aussieht und sauber ist. Ich schippe Schnee oder streue Sand oder Salz aufs Eis vor meiner Tür, damit niemand ausrutscht. Menschen kümmern sich und identifizieren sich mit ihrer Umgebung. Das ist nicht selbstverständlich. Vieles in dieser Gesellschaft läuft sehr gut. Wäre ich von meiner Herkunft her deutsch, wäre ich stolz auf diese und viele andere gute Tugenden und Gepflogenheiten. Wenn Zuwanderer nach Deutschland kommen und diese Tugenden bejahen und sie leben, dann kann das auch für sie nur eine Bereicherung sein.

Es sind nicht nur die Themen Islam, Integration und Migration, bei denen die Gesellschaft bereits tief gespalten ist. Auch andere Themen wie Klimaschutz, Corona oder Gender oder die Frage, wie sich Deutschland gegen den russischen Angriffskrieg positionieren sollte, sorgen dafür, dass Menschen sich voneinander entfremden und sich in ihre Blase zurückziehen. Wer nicht die eigene Meinung teilt, gilt schnell als Gegner. In sozialen Medien oder sogar in der realen Welt wird ihm die Freundschaft gekündigt – oder erst gar keine begonnen. Das ist eine sehr problematische Entwicklung. Es ist nicht gut, wenn sich Menschen immer mehr zurückziehen und unter ihresgleichen bleiben.

Warum fällt es Menschen bei immer mehr Themen schwer zu sagen: »Da bin ich völlig anderer Meinung, aber lass uns trotzdem im Gespräch bleiben?« Es wäre so wichtig, wieder aufeinander zuzugehen und sich nicht so schnell zu entzweien.

Viele der Migranten kommen aus Gesellschaften, in denen sie wegen ihrer Überzeugungen oder ihrer Ethnie diskriminiert oder sogar bekämpft wurden. Im Sudan haben wir immer nach rechts und links geschaut, bevor wir im Flüsterton etwas gegen die Regierung sagten. Wenn ich in Ägypten bin und mit Freunden im Restaurant rede, dann erhalte ich öfters von einem meiner Freunde einen Fußtritt unter dem Tisch, nach dem Motto: »Psst, das darfst du hier nicht sagen …«

Das Letzte, was wir in Deutschland brauchen, ist eine solche Entwicklung! Eine Gesellschaft, in der viele Menschen sich nicht mehr trauen, öffentlich ihre Meinung kundzutun, verliert an Meinungsvielfalt. Wenn wir möchten, dass unsere Gesellschaft integrativ wirkt, dann muss sie einen Weg finden, auch über kontroverse Themen sachlich zu reden, ohne zu stigmatisieren. Das ist für unsere Demokratie wichtig und auch für unser Zusammenleben.

Problematisches Gruppendenken

Nach dem Integrationsgipfel im März 2021 kommentierte die (afrodeutsche) Journalistin Alice Hasters diesen in der *Tagesschau* folgendermaßen: »Was wir brauchen, ist ein Paradigmenwechsel. Weg von Integration hin zur Bekämpfung von Rassismus und gruppenbezogener Menschenfeindlichkeit.«[146] Selbstverständlich muss man Rassismus und gruppenbezogene Menschenfeindlichkeit bekämpfen – egal, ob es sich dabei um Abwertungen gegenüber Juden, Homosexuellen, Frauen, Migranten oder Herkunftsdeutschen handelt. Das ist in einer liberalen, offenen Gesellschaft eine Selbstverständlichkeit, aber das allein löst die Herausforderung der Integration nicht.

Es ist problematisch, wenn man durch die Rassismusdiskussion Migranten in eine Opferrolle bringt, die nur durch Quoten in Firmen und anderen Institutionen »gerettet« werden können, und Herkunftsdeutsche nur als die sieht, die nicht anders können, als rassistisch zu sein. Ein solches Denken schadet der gesellschaftlichen Solidarität und spaltet, statt zu integrieren.

Und noch ein problematischer Gedanke steckt hinter dieser Kommentierung: Eigentlich sollte das Ziel sein, es durch Teilhabemöglichkeiten und Offenheit in der Gesellschaft zu schaffen, dass alle Menschen gleich behandelt werden, egal, welches Geschlecht, mit oder ohne Behinderung oder Zugewanderte. Natürlich muss man, um Gleichheit zu erreichen, zuerst Ungleichheiten benennen. Erst dann kann man sie beseitigen und allen Menschen die gleiche Chance auf ihre persönliche Entwicklung geben. Aber dieses Ziel scheint manchmal in den Hintergrund zu rücken. Doch eine Identitätspolitik, bei der die Bedürfnisse einer speziellen Gruppe von Menschen im Mittelpunkt stehen, schadet dem Zusammenhalt. Wenn jede Gruppe vor allem an sich und ihre Vorteile denkt, statt die Gesamtbevölkerung im Blick zu haben, dann spaltet sich die Gesellschaft in Gruppen, die alle um die Fördertöpfe und Quoten in der Politik, im öffentlichen Dienst und in anderen Bereichen konkurrieren.

Ja, ich würde mich freuen, wenn Deutschland eines Tages auch mal einen schwarzen Bundeskanzler hätte, einen deutschen »Barack Obama«. Aber dieser sollte seinen Job nicht aus »Diversity«-Zwängen heraus oder wegen irgendwelcher Quotenregelungen bekommen, sondern wegen seiner Fähigkeiten und seiner Persönlichkeit. Gleiche Chancen und Gemeinsinn schaffen Gerechtigkeit – nicht der Lobbyismus spezieller Gruppen.

Die Krankheit Unzufriedenheit

Eine Krankheit der Deutschen ist ihre Unzufriedenheit: Wenn jemand einen positiven Kommentar abgibt, dann warte ich innerlich auf das Wort »aber«, das so oft folgt. »Wir haben ein wunderbares Haus gefunden, aber es steht an einer viel befahrenen Straße.« – »Unser Urlaub war wunderschön, aber teuer.« Laut einer Umfrage bezeichnet sich mehr als ein Viertel (29 Prozent) der Deutschen als »unglücklich« oder »eher unglücklich«. Mehr als die Hälfte ist »eher glücklich« (56 Prozent) und 10 Prozent »sehr glücklich«.[147]

Diese Unzufriedenheit ist ein großes Problem. Es gibt einen Unterschied zwischen Unzufriedensein und dem Wunsch nach Veränderung und Verbesserung. Wenn ich unzufrieden bin, dann lähmt mich das und raubt mir Kraft. Wenn ich mir dagegen Veränderung wünsche, dann bin ich dankbar für heute und will deshalb das Morgen gestalten.

Es ist wichtig, sich Gedanken über die Zukunft zu machen. Darüber darf man aber nicht den Blick auf das Hier und Jetzt vernachlässigen und sollte nicht vergessen, den Moment zu genießen.

Es gibt immer noch Herausforderungen, aber es gibt so viel Gutes in diesem Land! Deutschland ist seit 30 Jahren wiedervereint. Und Menschen in Korea, die immer noch unter der Teilung ihres Landes leiden, bekommen Hoffnung für ihre Situation, wenn sie nach Deutschland schauen. Deutschland lag in Schutt und Asche und hat es zu großer wirtschaftlicher Stärke gebracht. Das gibt Hoffnung, dass wir auch in der Zukunft innovativ sein können.

Diese Zufriedenheit können wir von Menschen aus anderen Kulturen lernen, die oft viel glücklicher leben als wir Deutsche. Obwohl es ihnen von außen betrachtet schlechter geht als uns, sind sie gelassen. Eine gewisse Gelassenheit würde auch unserer Gesellschaft guttun.

Gelassenheit ist keine Faulheit oder Fatalismus. Aber es gibt manche Ereignisse, die man nicht voraussehen kann. Wichtig ist dann, das Beste aus der Situation zu machen und zu wissen, dass man nie tiefer als in Gottes Hand fallen kann. Beeindruckt hat mich zum Beispiel die Hilfsbereitschaft der Bevölkerung nach der Flut, die das Ahrtal im Sommer 2021 verwüstet hat. Viele ehrenamtliche Helfer kamen, um zu helfen.

Auch die jungen Männer des Saatkorn-Projekts entschieden damals spontan, die Menschen nach der Katastrophe zu unterstützen. Sie halfen in Häusern, die Wände von den durchnässten Schlammschichten zu befreien. Manche der Einheimischen machten zuerst große Augen, als eine Gruppe von Schwarzafrikanern kam, um zu helfen. Aber diese ließen sich davon nicht irritieren und arbeiteten unermüdlich, mitten in einer Umgebung, in der noch Elektrizität, Strom und Wasser fehlte und es so viel zu tun gab. Durch die Hilfsbereitschaft dieser Migranten entstand eine Nähe zur betroffenen Bevölkerung. Wenn Begegnung stattfindet, dann verschwinden Grenzen. Aus Fremden werden Freunde.

»Du kannst Hoffnung haben«

Ich möchte dieses Kapitel mit einer Hoffnungsgeschichte aus der Bibel beenden. Sie handelt von Bartimäus, einem Blinden, der in der Stadt Jericho sitzt und bettelt.[t] Ein Mensch am Rande der Gesellschaft. Doch eines Tages spürt er eine unruhige Atmosphäre. »Was ist los?«, fragt er die Passanten.

Interessieren wir uns auch wie Bartimäus dafür, was in unserer Gesellschaft los ist, und wollen wir verstehen, was die Menschen und dieses Land umtreibt?

Als Bartimäus erfährt, dass Jesus nach Jericho kommt, merkt er, dass es eine Chance auf Veränderung gibt, und er schreit nach Jesus. »Hab Erbarmen mit mir!«

Haben wir wie Bartimäus das tiefe Verlangen nach Veränderung?

»Sei still!«, fahren ihn die Bewohner von Jericho an.

Hier kann ich mir Migranten vorstellen, die zum Arbeitsamt kommen, dort als eine Nummer abgefertigt werden und die Sprache noch nicht beherrschen. Sie fühlen sich vielleicht manchmal ebenso ohnmächtig wie Bartimäus, der aufgefordert wird, zu schweigen. Wo grenzen wir Menschen aus, verwehren ihnen mit einem »Sei still!« die Teilhabe an unserer Gesellschaft? Wo sehen wir die Menschen mit ihren Bedürfnissen nicht?

Jesus geht auf diesen Hilfeschrei ein und lässt Bartimäus herrufen. Daraufhin sagen die Bewohner aus Jericho zu Bartimäus: »Du kannst Hoffnung haben, steh auf, er ruft dich!«

»Du kannst Hoffnung haben!« – welch ein ermutigender Satz.

---

t Vgl. Lukas 18 und Markus 10.

Als dies der Blinde hört, wirft er seinen Mantel ab, springt auf und kommt zu Jesus. Daraufhin fragt ihn Jesus: »Was willst du? Was soll ich für dich tun?« Jesus blieb stehen. Jesus hört. Jesus hat Zeit für den Blinden. Mit der Frage »Was willst du?« begegnet er Bartimäus auf Augenhöhe.

Gehe ich auch zu meinem Nachbarn und frage ihn: »Was kann ich für dich tun?« Reichen wir uns die Hand oder schneiden wir jedes Seil ab, das uns verbindet?

Der Blinde antwortet: »Herr, dass ich sehen kann.« Darauf entgegnet Jesus: »Du sollst sehen können. Dein Glaube hat dich gerettet.«

Dieser Wunsch, sehen zu können oder im übertragenen Sinne einen anderen Blick auf Menschen und Situationen zu bekommen, das ist auch heute noch ein wichtiger Wunsch. Ich habe oft erlebt, dass sich in der direkten Begegnung von Menschen Sichtweisen verändern. Wenn ein Migrant seine Lebensgeschichte erzählt und anschließend ein eingefleischter Schwabe aus Stuttgart sagt: »Ah, jetzt verstehe ich dich.« Dann ist das eine neue Sicht, die jemand auf »den« Migranten bekommen hat. Dann werden unsere Augen geöffnet für unsere Mitmenschen.

Epilog

Wir müssen reden ...

... mit denen, die sich keine Gedanken um Integration machen, weil sie diese nicht für nötig halten. Sie werden eines Tages merken, dass sie Chancen verpasst haben, aktiv die Gesellschaft mitzugestalten.

... mit allen, die Angst vor einer Veränderung des Landes durch Zuwanderung haben: Ihre Ängste müssen wir ernst nehmen. Lasst uns mit ihnen gemeinsam überlegen: Wie stabil ist unsere Identität? Wo darf es auch Veränderung geben und wo ist es nötig, für die eigenen Werte einzutreten?

... mit Rechtsextremen, die in diesem Land keinen Platz für Menschen mit ausländischen Wurzeln sehen. Sie müssen begreifen, dass ihre Ideologie auch gegen sie selbst geht – spätestens dann, wenn sie selbst mal »Ausländer« sind, weil sie das Land verlassen.

... mit Menschen, die Muslime unter Generalverdacht stellen und ihnen die Religionsfreiheit verwehren wollen. Das sind keine Patrioten, die das Land lieben, sondern ideologisch verblendete Menschen, die für sich selbst etwas in Anspruch nehmen, was sie anderen verweigern.

... mit Linksextremen, die teilweise eine Verachtung für die politische Meinung anderer an den Tag legen und mit maßlosen Forderungen die Debatte vergiften. Zu einem verantwortlichen Handeln gehört es auch, Grenzen anzuerkennen. Festzustellen: Wir schaffen es nicht, allen Bedürfnissen gerecht zu werden. Es ist nicht fair, Menschen in falscher Hoffnung zu wiegen und Gelder zu verteilen, die wir nicht haben.

… mit gläubigen Menschen: Im Koran heißt es in Sure 49,13: »O ihr Menschen! Ich erschuf euch als Mann und Frau und habe euch zu Völkern und Stämmen gemacht, damit ihr euch kennenlernt.«[148] In Psalm 34,15 steht: »Suche Frieden und jage ihm nach.«

Muslime und Christen, ihr seid aufgefordert, in eurer Religion Ansätze zu entdecken, die das Zusammenleben fördern!

… mit Migranten, die motiviert waren, als sie ankamen, und sich um Integration bemühten, aber nun frustriert sind, weil alles so langwierig und schwierig ist. Sie sollen nicht aufgeben. Das Ankommen in einem neuen Land ist eine Reise, die nicht mit einem Sprachkurs oder festen Job zu Ende ist. Vielleicht gelingt es erst ihren Kindern oder Kindeskindern, sich hier vollkommen zu Hause zu fühlen, aber ein Anfang ist getan.

… mit den vielen, die schon längst angekommen sind, die aber gar nicht im Blick sind, weil sie keine Probleme machen. Dabei wäre es so wichtig, dass sich eben diese Langintegrierten an die Neuzuwanderer wenden, und ihnen verraten, was die Zutaten sind, die man braucht, damit Integration gelingt. Sie sollen eine Rolle spielen in der Integrationsdebatte.

… mit der ersten Generation von Migranten, den »Gastarbeitern«. Oft wurden sie nur auf ihre Wirtschaftlichkeit reduziert. Sie sind längst keine Gäste mehr oder bloß »Arbeiter«. Sie sind die Großeltern und Eltern der Zukunft unseres Landes. Sie sind Schlüsselpersonen, wenn es darum geht, Brücken zu bauen.

… mit Migranten, die die Gesellschaft zutiefst missachten. Es wird ihnen nicht gelingen, die Gesellschaft zu verändern. Parallelstrukturen werden auch ihnen schaden und sie sollten sich überlegen, ob dieses Land tatsächlich für sie der richtige Ort ist, wenn sie mit dem Leben hier nichts anfangen können.

… – und zwar Klartext! – mit Kriminellen und Terroristen: Wenn sie unsere Sicherheit gefährden und unser Vertrauen missbrauchen, dann sollten sie den Rechtsstaat und die Sicherheitsbehörden nicht unterschätzen. Sie werden sie über kurz oder lang zur Rechenschaft ziehen.

… mit allen, die in unserer Gesellschaft mit Migranten zu tun haben: Polizisten, Sicherheitsbeamte, Sozialarbeiter, Lehrer. Sie leisten Unglaubliches, was leider nicht immer gewürdigt wird. Von Herzen Danke!

Es ist nicht zu spät, ...

… aufeinander zuzugehen und mit kühlen Köpfen über die heißen Eisen Islam und Integration zu reden.
… dass aus einem Nebeneinander ein Miteinander wird. Wir haben seit mehr als sieben Jahrzehnten Frieden in diesem Land. Das gibt mir Hoffnung, dass wir auch in Zukunft in Frieden zusammenleben können.
… einzusehen, dass die Religion Menschen in ihrem gesamten Denken und Handeln prägen kann – und deshalb der Glaube auch bei der Frage der Integration im Blick sein muss.
… Diskriminierung von Migranten und Muslimen anzuprangern und selbst mit Wertschätzung und Respekt auf Mitmenschen zuzugehen.
… sich für Kunst- und Meinungsfreiheit einzusetzen – und dies mit einer »Kultur der Empathie« und des Respekts gegenüber den religiösen Gefühlen anderer zu verbinden.
… Anknüpfungspunkte in der islamischen Theologie bekannt zu machen, die für ein friedliches Zusammenleben hilfreich sind.
… Koranversen, die zur Gewalt aufrufen, ihre Geltung für heute abzusprechen.
… die eigene Kultur zu hinterfragen und offen zu sein, durch andere Denkweisen und Kulturen bereichert zu werden.
… durch eine durchdachte Wohn- und Schulpolitik Parallelgesellschaften und »Brennpunktschulen« zu vermeiden.
… eine positive deutsche Identität zu entwickeln, die Erinnerungskultur und einen gesunden Patriotismus verbindet.

… Antisemitismus jeglicher Art zu bekämpfen – und auch vor islamisch begründetem Antisemitismus nicht die Augen zu verschließen.
… dass Christen Muslimen begegnen und Dialog führen – in dem Wunsch, einander zu verstehen und sich trotz aller theologischer Unterschiede zu respektieren.
… über die Grenzen der Integration zu sprechen und darüber, wie wir mit begrenzten Ressourcen möglichst vielen Menschen weltweit helfen können.
… unsere Außenpolitik zu überdenken und uns von einer Politik leiten zu lassen, die ihren Prinzipien treu bleibt und diese über wirtschaftliche und geopolitische Interessen stellt.
… eigene Werte bewusst zu verinnerlichen und sich auf die eigenen Wurzeln zu besinnen.
… zu glauben, zu lieben – und zu hoffen.

Foto: Conny Wenk

Yassir Eric, Jahrgang 1972, verachtete früher als militanter Islamist Christen und Juden. Heute ist der gebürtige Nordsudanese anglikanischer Bischof und promovierter Theologe und ruft zu einem respektvollen Umgang mit Muslimen auf. Als Konvertit von seiner Familie enterbt, weiß er, wie wichtig Toleranz und Religionsfreiheit sind. Seit 2013 leitet er das Europäische Institut für Migration, Integration und Islamthemen (EIMI) und bietet auf Arabisch und Deutsch Seminare zur kulturellen und religiösen Verständigung an. Mehrmals jährlich reist er in den Nahen Osten, um sich für Menschenrechte und die Glaubensfreiheit von Minderheiten einzusetzen.

Seine Biografie wurde zum Bestseller:
Yassir Eric: Hass gelernt, Liebe erfahren
10. Auflage 2025, adeo Verlag
ISBN: 978-3-86334-177-0

Anmerkungen

Prolog

1. Integration ist mehr als Deutsch lernen

1 So heißt es in einem Bericht der Tagesschau vom 13. Februar 2025 »Messerangreifer von Mannheim steht vor Gericht«. https://www.tagesschau.de/inland/gesellschaft/prozess-anschlag-mannheim-100.html. Zu den anderen Informationen vergleiche auch die Meldung des Generalbundesanwalts: »Anklage wegen des Messerangriffs auf dem Marktplatz Mannheim erhoben«: https://www.generalbundesanwalt.de/SharedDocs/Pressemitteilungen/DE/2024/Pressemitteilung-vom-06-11-2024-3.html

2 Bericht SWR: »Mordprozess: Attentäter von Mannheim legt Geständnis ab«. Vom 25. März 2025. https://www.swr.de/swraktuell/baden-wuerttemberg/mannheim/mordprozess-stammheim-messerangriff-polizist-rouven-laur-angeklagter-sagt-aus-100.html / https://www.zdfheute.de/panorama/kriminalitaet/mannheim-messerangriff-gestaendnis-100.html

3 Vgl. Europol – Tendenz- und Lagebericht über den Terrorismus in der europäischen Union 2025: 2024 gab es in der EU 24 dschihadistische Anschläge, 289 Personen wurden wegen Straftaten im Zusammenhang mit dschihadistischem Terrorismus festgenommen.

4 Die Mehrheit von ihnen, 58 Prozent, waren ausländische Staatsangehörige, 42 Prozent waren Deutsche. Gut drei Viertel waren selbst nach Deutschland zugewandert, 24 Prozent wurden in Deutschland als direkte Nachkommen von Eingewanderten geboren. Vgl. Zahlen Statistischen Bundesamtes: https://www.destatis.de/DE/Themen/Gesellschaft-Umwelt/Bevoelkerung/Migration-Integration/Tabellen/liste-einwanderungsgeschichte-geschlecht.html#644556

5 Die Zahl bezieht sich auf das Jahr 2025: https://www.destatis.de/DE/Presse/Pressemitteilungen/2025/05/PD25_181_125.html

6 »Die Ängste der Deutschen« Studie der R+V Versicherung, 2024: https://www.ruv.de/newsroom/themenspezial-die-aengste-der-deutschen/grafiken-zahlen-ueberblick

7 Aladin El-Mafaalani: Alle an einem Tisch. Artikel in »Aus Politik und Zeitgeschichte« vom 22. Februar 2019; https://www.bpb.de/shop/zeitschriften/apuz/286512/alle-an-einem-tisch/

2. Gesellschaftliche Polarisierung überwinden wir, indem wir sachlich und ohne jegliches Tabu miteinander reden

8 IFD Allensbach, Umfrage zur Meinungsfreiheit, 2021: https://www.ifd-allensbach.de/fileadmin/kurzberichte_dokumentationen/FAZ_Juni2021_Meinungsfreiheit.pdf

9 »Worte können verletzen«, Interview auf mediendiskurs, online seit dem 8. Januar 2025: https://mediendiskurs.online/beitrag/worte-koennen-verletzen-beitrag-772/

10 Eine Testing-Studie zeigt, das 50 Prozent der Wohnungsanbieter arabische Mietinteressenten gegenüber deutschen benachteiligen: https://gegen-alltagsrassismus.org/wp-content/uploads/2022/11/Rassistische-Diskriminierung-auf-dem-Wohnungsmarkt-im-Kreis-Mettmann-Testingstudie.pdf#page=8

3. Kritik am Koran und dem islamischen Propheten dürfen kein Tabu sein

11 »Muslimisches Leben in Deutschland ist vielfältig« – Pressemeldung zur Studie des Bundesamts für Migration und Flüchtlinge, Zahlen abrufbar unter: https://www.bamf.de/SharedDocs/Meldungen/DE/2021/210428-am-interview-forschungsbericht-mld2020.html

12 Vgl. Verfassungsschutzbericht 2020, S. 220; https://www.bmi.bund.de/SharedDocs/downloads/DE/publikationen/themen/sicherheit/vsb-2020-gesamt.pdf?__blob=publicationFile&v=5

13 Vgl. Verfassungsschutzbericht 2020, S. 188; https://www.bmi.bund.de/SharedDocs/downloads/DE/publikationen/themen/sicherheit/vsb-2020-gesamt.pdf?__blob=publicationFile&v=5

14 Vgl. Verfassungsschutzbericht 2021, S. 190; https://www.bmi.bund.de/SharedDocs/downloads/DE/publikationen/themen/sicherheit/vsb-2021-gesamt.pdf?__blob=publicationFile&v=4

15 Vgl. Verfassungsschutzbericht 2020, S. 210/211; https://www.bmi.bund.de/SharedDocs/downloads/DE/publikationen/themen/sicherheit/vsb-2020-gesamt.pdf?__blob=publicationFile&v=5

16 Vgl. Verfassungsschutzbericht 2023, S. 208; https://www.verfassungsschutz.de/SharedDocs/publikationen/DE/verfassungsschutzberichte/2024-06-18-verfassungs-schutzbericht-2023.html

17 Le Coran et ses Lectures (2016).

18 Vgl. Gottes Offenbarung in Menschenwort: Der Koran im Licht der Barmherzigkeit. Mouhanad Khorchide, Herder-Verlag, 2018

19 Gamal Essam El-Din: »Long-held positions of Islamic heritage come to the fore«, *Ahram Online* vom 6. Februar 2020; https://english.ahram.org.eg/NewsContent/50/1201/362931/AlAhram-Weekly/Egypt/Longheld-positions-of-Islamic-heritage-come-to-the.aspx

20 »Profifußballer dürfen im Ramadan Fasten brechen«, https://islam.de/16129.php vom 28. Juli 2010

21 https://www.swr.de/swraktuell/baden-wuerttemberg/mannheim/mordprozess-stammheim-messerangriff-polizist-rouven-laur-angeklagter-sagt-aus-100.html

22 Wiedergabe des Koranverses nach Mouhanad Khorchide: https://www.ndr.de/kultur/sendungen/freitagsforum/Gott-ist-darueber-erhaben-beleidigt-zu-werden,khorchideblasphemie100.html

23 Vgl. auch Hamed Abdel Samad: »Mohamed. Eine Abrechnung«, Droemer, München 2015, S. 217. Dieser Teil der Muslime bezieht sich auch auf einen Hadith: »Wer Allah beleidigt, soll Buße tun. Wer den Propheten beleidigt, muss sterben, selbst wenn er es bereut«, und auf Bücher wie das von Ibn Taiymiyya: »Das geschliffene Schwert für den, der den Islam beleidigt« (as-Saif al-Maslul ala shatim al-Rasul).

24 Titanic: Satire und Karikatur – Wo beginnt »Gotteslästerung«? Hamed Abdel-Samad bei *ZDF info*, 21. August 2012; https://www.hamed.tv/titanic-satire-und-karikatur-wo-beginnt-die-gotteslasterung-hamed-abdel-samad-bei-zdfinfo/ Minute 3:20

25 Michael Daventry: »Erdogan: Europas Muslime ›behandelt wie Juden vor dem 2. Weltkrieg‹«, *Euronews* 27. Oktober 2020, https://de.euronews.com/2020/10/26/erdogan-europas-muslime-behandelt-wie-juden-vor-dem-2-weltkrieg

26 OSCE Hate Crime Report 2023: https://hatecrime.osce.org/germany?year=2023

27 Vgl. Twitter-Post von Ahmad Mansour vom 2. November 2020, https://twitter.com/ahmadmansour__/status/1323233945438310400

4. Radikalisierung und Gewalt

28 Johannes Frank: »Für Muslime ist der Terror ein Stachel«, Interview in der *Frankfurter Rundschau* vom 12. Januar 2019, https://www.fr.de/politik/fuer-muslime-terror-stachel-11143523.html

29 »Gewaltlegitimierende Verse in religiösen Schriften steigern Unterstützung für tödliche Gewalt«, Pressemitteilung zur Studie des Wissenschaftszentrums für Sozialforschung vom 23. April 2021; https://wzb.eu/de/pressemitteilung/gewaltlegitimierende-verse-in-religioesen-schriften-steigern-unterstuetzung-fuer-toedliche-gewalt, Studie (englisch) unter: https://www.tandfonline.com/doi/full/10.1080/1369183X.2020.1822158

30 Vgl. Martina Meister: »Deutschland verdrängt die religiöse Dimension des Dschihadismus«, *Die Welt* online am 11. März 2021; https://www.welt.de/politik/ausland/plus227719633/Islamismus-in-Frankreich-Generation-Syrien-ist-jung-und-perspektivlos.html

31 Siehe auch »Bundesgerichtshof bestätigt Verurteilung wegen tödlicher Messerattacke in Dresden«; Bundesgerichtshof, Pressemitteilung 019/2022 vom 15. Februar 2022; https://www.bundesgerichtshof.de/SharedDocs/Pressemitteilungen/DE/2022/2022019.html; Deutsche Koranverse aus: »Der Koran: Übersetzung von Rudi Paret«, Kohlhammer Verlag, Stuttgart 2014.

32 https://www1.wdr.de/nachrichten/ruhrgebiet/urteil-messerattacke-in-duisburger-fitnessstudio-lebenslange-haft-mit-sicherungsverwahrung-100.html

33 Vergleiche Stellungnahme des ZMD vom 26. August 2024: https://zentralrat.de/35269.php

34 Interview: Solingen: »Muslime in der Pflicht!« Experte fordert nach Anschlag zum Handeln gegen Islamismus auf. https://www.youtube.com/watch?v=uXUt_C2ZHYQ

35 Thomas Asbridge: »Die Kreuzzüge: Der Krieg um das Heilige Land« © 2021 Pantheon Verlag, in der Verlagsgruppe Penguin Random House, München. S. 718.

36 Thomas Asbridge: »Die Kreuzzüge: Der Krieg um das Heilige Land« © 2021 Pantheon Verlag, in der Verlagsgruppe Penguin Random House, München. S. 722–725.

37 Thomas Asbridge: »Die Kreuzzüge: Der Krieg um das Heilige Land« © 2021 Pantheon Verlag, in der Verlagsgruppe Penguin Random House, München, S. 705.

38 Am stärksten von Terrorismus betroffen waren im Jahr 2024 Burkina Faso, Pakistan, Syrien, Mali, Niger, Nigeria und Somalia vgl. Global Terrorism Index 2025 des Insitute for Economics & Peace: https://www.economicsandpeace.org/wp-content/uploads/2025/03/Global-Terrorism-Index-2025.pdf

5. Alltagskonflikte, die es gar nicht geben müsste

39 »Kinder- und Jugendärzte: So können Kinder im Ramadan fasten« Berufsverband der Kinder- und Jugendärzte e.V., Pressemitteilung vom 14. Mai 2019; aus dem Jahr 2019, https://www.kinderaerzte-im-netz.de/news-archiv/meldung/article/kinder-und-jugendaerzte-so-koennen-kinder-im-ramadan-fasten-fuer-kinder/

40 So zum Beispiel in einem Artikel der ägyptischen Tageszeitung Jaum as-sabi von Dr. Tarek al-Schadhali am 18. August 2010.

41 »Ramadan und Schule – Neuköllner Empfehlung«. Eine Initiative des Bezirksamtes Neukölln von Berlin und der regionalen Schulaufsicht Neukölln der Senatsverwaltung für Bildung, Jugend und Familie, 2017; https://www.berlin.de/ba-neukoelln/aktuelles/bezirksticker/neukoellner-broschuere-ramadan-und-schule-neu-erschienen-808416.php

42 »Ramadan-Knigge in Neukölln: Viele Imame lehnen Verhaltensregeln für Schüler ab«, *Berliner Zeitung* vom 30. Mai 2017; https://www.berliner-zeitung.de/berlin/ramadan-knigge-in-neukoelln-viele-imame-lehnen-verhaltensregeln-fuer-schueler-ab-26993296

43 »Muslimischer Fastenmonat: Polizisten erhalten Verhaltenstipps zum Ramadan« *Berliner Zeitung* vom 27. Mai 2017; https://www.berliner-zeitung.de/berlin/polizei/muslimischer-fastenmonat-polizisten-erhalten-verhaltenstipps-zum-ramadan-26973016
Kritisch sehe ich auch die Handreichung zum Fasten des Islamrates, der am Ende des Textes dann doch subtilen Druck auf Schüler ausübt, indem er warnt, das Fasten »leichtfertig« aufzugeben – und im gleichen Atemzug daran erinnert, dass jeder Mensch sich vor Gott am Jüngsten Tag für alle seine Werke verantworten muss. »Fasten in der Schule. Eine Stellungnahme des Islamrates«, https://c68a9e51-21b8-4e8f-9ec3-08d1cd8fc205.usrfiles.com/ugd/c68a9e_fd-6144c11b854e378672b2cb93496bc7.pdf

44 Ahmad Mansour: »Warum es ein Kopftuchverbot für Kinder geben muss«, *Die Welt* online vom 13. Juni 2019; https://www.welt.de/debatte/kommentare/plus195187775/Ahmad-Mansour-Warum-es-ein-Kopftuchverbot-fuer-Kinder-geben-muss.html

45 Mouez Khalfaoui: »Die islamische Theologie kann Zwangsheirat bekämpfen«, *Qantara.de* am 24. Dezember 2019; https://de.qantara.de/inhalt/fuer-eine-moderne-interpretation-des-islamischen-familienrechts-die-islamische-theologie-kann

46 Arabischer Artikel bei *Al Azhar Observer:* https://www.azhar.eg/observer/replies/ArtMID/5814/ArticleID/106

47 Terre des femmes: »Ein Jahr Gesetz zur Bekämpfung von Kinderehen«: Terre des Femmes liefert erste Zahlen«, https://www.frauenrechte.de/unsere-arbeit/themen/gewalt-im-namen-der-ehre/aktuelles/archiv/3373-ein-jahr-gesetz-zur-bekaempfung-von-kinderehen-terre-des-femmes-liefert-erste-zahlen

48 »Nachbesserung bei Kinderehen-Verbot beschlossen vom 7. Juni 2024 https://www.tagesschau.de/inland/gesellschaft/bundestag-kinderehen-schutz-100.html#:~:text=-Absicherung%20von%20Minderj%C3%A4hrigen%20Nachbesserung%20bei%20Kinderehen%2DVerbot%20beschlossen&text=Kinderehen%20sind%20in%20Deutschland%20verboten,hat%20der%20Bundestag%20Nachbesserungen%20beschlossen.

49 Terre des Femmes: »Stop Frühehen«; https://www.frauenrechte.de/unsere-arbeit/themen/gewalt-im-namen-der-ehre/schwerpunkt-fruehehen

6. Kulturelle Barrieren, die das Zusammenleben erschweren

50 Lothar Käser: »Fremde Kulturen: eine Einführung in die Ethnologie«, VTR Verlag Bad Liebenzell, Erlangen, 1997, S. 27.

51 Vgl. Charles Osgood, der den Begriff vom kulturellen Eisberg geprägt hat: »Culture – Its empirical and non-empirical character.« In: Southwestern Journal of Anthropology. Band 7, 1951, S. 202–214. Und das weiterentwickelte Kulturebenen-Modell von Edgar H. Schein (1985): »Organizational Culture and Leadership«, San Francisco.

52 Bei den folgenden Ausführungen orientiere ich mich teilweise an: Franz, Andreas: »Interkulturelle Werte-Dimensionen«. In: Friedemann Walldorf, Lothar Käser und Bernd Brandl (Hg.): »Mission und Reflexion im Kontext«, Nürnberg: VTR Verlag für Theologie & Religionswissenschaften, 2010, S. 422 – 447; https://www.apcm.de/wp-content/uploads/2017/04/11FranzAndreas-InterkuturelleWertedimensionen20101.pdf

53 Forschungsbereich beim Sachverständigenrat deutscher Stiftungen für Integration und Migration 2019 (Hg.): »Andere Länder, andere Sitten? Welche kulturellen Unterschiede Flüchtlinge wahrnehmen – und wie sie damit umgehen«. Policy Brief des SVR-Forschungsbereichs und der Robert-Bosch-Stiftung, Berlin. S. 5; https://www.stiftung-mercator.de/de/publikationen/andere-laender-andere-sitten-welche-kulturellen-unterschiede-fluechtlinge-wahrnehmen-und-wie-sie-damit-umgehen/

54 Schaubild adaptiert, aus: Dagmar Kumbier, Friedemann Schulz von Thun (Hg.) Interkulturelle Kommunikation, Methoden, Modelle, Beispiele, Hamburg, 2013, S. 15

55 www.saatkorn-projekt.de

56 Mit dem Konzept der scham- und schuldorientierten Kultur orientiere ich mich unter anderem an: Klaus W. Müller, »Das Gewissen in Kultur und Religion: Scham- und Schuldorientierung als empirisches Phänomen des Über-Ich / Ich-Ideal« – Lehrbuch Elenktik, VTR Verlag für Theologie & Religionswissenschaften, 2010.

57 Thomas Müller: »Transkulturelle Psychiatrie: Von der Scham zur Schuldkultur«, *Der Neurologe und Psychiater* 17,14/ 2016, https://link.springer.com/article/10.1007/s15202-016-1115-3#Sec1

7. Meine Idee eines Deutschlandführerscheins

58 Vgl. »Landesweiter Neustart des Rechtsstaatsunterrichts für Geflüchtete«, Pressemitteilung des Landes Baden-Württemberg vom 3. August 2022, https://www.baden-wuerttemberg.de/de/service/presse/pressemitteilung/pid/landesweiter-neustart-des-rechtsstaatsunterrichts-fuer-gefluechtete/

59 Susanne Lochner: »Integrationskurse als Motor für gesellschaftlichen Zusammenhalt? Interethnische Kontakte und nationale Verbundenheit von MigrantInnen in Deutschland«, Budrich Unipress Ltd., Opladen, Berlin, Toronto, 2016, S. 192.

60 »Zwischenbericht I zum Forschungsprojekt ›Evaluation der Integrationskurse (EvIk)‹ Erste Analysen und Erkenntnisse. Forschungsbericht 33«, Bundesamt für Migration und Flüchtlinge 2019, S. 97; https://www.academia.edu/40803335/Zwischenbericht_I_zum_Forschungsprojekt_Evaluation_der_Integrationskurse_EvIkk

61 Daniel Oelbauer: »Demokratiebildung und Wertevermittlung. Der Orientierungskurs des Bundesamts für Migration und Flüchtlinge (BAMF) aus Sicht der Teilnehmenden«. Wissenschaftlicher Verlag Berlin, 2020, S. 59 und 64–65. Die Befragungen von zwölf Teilnehmern des Orientierungskurses fanden im August 2018 statt.

8. Religiöse Absonderung, Nationalismus und Parallelgesellschaften

62 »Integration und Religion aus Sicht von Türkeistämmigen in Deutschland«, Studie der Universität Münster 2016, S. 11.; https://www.uni-muenster.de/imperia/md/content/religion_und_politik/aktuelles/2016/06_2016/studie_integration_und_religion_aus_sicht_t__rkeist__mmiger.pdf

63 https://www.youtube.com/watch?v=195qpeUPiL0&t=333 ab Minute 24.

64 Vgl. Abul Baraa, mit dem Titel »Darf man einen Kafir als Freund haben?«, YouTube, https://www.youtube.com/watch?v=Uy9rfvD496w

65 »Minister Reul stellt neues Lagebild Clankriminalität vor, Pressemitteilung vom 28. November 2024; https://www.land.nrw/pressemitteilung/minister-reul-stellt-neues-lagebild-clankriminalitaet-vor#:~:text=Das%20Landeskriminalamt%20Nordrhein%2DWestfalen%20hat,November%202024%2C%20in%20D%C3%BCsseldorf%20vorgestellt.&text=Das%20Landeskriminalamt%20Nordrhein%2DWestfalen%20hat%20das%20sechste%20Lagebild%20zu%20Clankriminalit%C3%A4t%20vorgelegt.,-Innenminister%20Herbert%20Reul

66 »Muslimisches Leben in Deutschland 2020«, Studie des Bundesamts für Migration und Flüchtlinge und der Deutschen Islam Konferenz, S. 179–180: https://www.bamf.de/SharedDocs/Anlagen/DE/Forschung/Forschungsberichte/fb38-muslimisches-leben.pdf?__blob=publicationFile&v=15

67 Türkei: Vorläufiges Endergebnis der türkischen Wahlberechtigten in Deutschland; https://de.statista.com/statistik/daten/studie/1387505/umfrage/wahlergebnis-der-deutschtuerken-bei-der-stichwahl-zur-tuerkischen-praesidentschaft-2023/

68 https://taz.de/Tuerkinnen-in-Deutschland/!5936500/

69 »Muslimisches Leben in Deutschland 2020«, Studie des Bundesamts für Migration und Flüchtlinge und der Deutschen Islam Konferenz, https://www.bamf.de/SharedDocs/Anlagen/DE/Forschung/Forschungsberichte/fb38-muslimisches-leben.pdf?__blob=publicationFile&v=15 S. 169.

70 Susanne Schührer: Türkeistämmige Personen in Deutschland. Erkenntnisse aus der Repräsentativuntersuchung »Ausgewählte Migrantengruppen in Deutschland 2015« (RAM), S. 42 https://www.bamf.de/SharedDocs/Anlagen/DE/Forschung/WorkingPapers/wp81-tuerkeistaemmige-in-deutschland.pdf;jsessionid=B839947ED05578BA533C0E984D8DCD7E.intranet262?__blob=publicationFile&v=13

71 »Muslimisches Leben in Deutschland 2020«, Studie des Bundesamts für Migration und Flüchtlinge und der Deutschen Islam Konferenz https://www.bamf.de/SharedDocs/Anlagen/DE/Forschung/Forschungsberichte/fb38-muslimisches-leben.pdf?__blob=publicationFile&v=15 S. 172

72 www.hoffnungstraeger.de

73 Ungleiche Bildungschancen. Fakten zur Benachteiligung von jungen Menschen mit Migrationshintergrund im deutschen Bildungssystem. 22. Februar 2024, aktualisierte Fassung https://www.svr-migration.de/wp-content/uploads/2023/02/Kurz-und-buendig_Bildung_2024.pdf

74 Ungleiche Bildungschancen. Fakten zur Benachteiligung von jungen Menschen mit Migrationshintergrund im deutschen Bildungssystem. 22. Februar 2024, aktualisierte Fassung https://www.svr-migration.de/wp-content/uploads/2023/02/Kurz-und-buendig_Bildung_2024.pdf

75 Vgl. die Reaktionen auf die Äußerung von Bildungsministerin Karin Prien (CDU), die die Idee einer Quote für Kinder mit Migrationshintergrund an Schulen als »denkbares Modell« bezeichnet hat.

9. Der politische Islam und sein Machtanspruch

76 Ruud Koopmans: »Das verfallene Haus des Islam«, Verlag C. H. Beck, 2020, S. 96–100. In nur 18 der 47 Staaten mit einer islamischen Mehrheitsbevölkerung ist das Schariarecht keine offizielle Rechtsquelle. Aber auch in vielen dieser Länder gelten Gesetze, die sich aus dem Schariarecht ableiten, z. B. ist in den fünf zentralasiatischen islamischen Ländern die Bekehrung eines Muslims zu einem anderen Glauben ein Verbrechen.

77 Vogelfrei im Asylbewerberheim: https://www.deutschlandfunk.de/homosexuelle-fluechtlinge-in-deutschland-vogelfrei-im-100.html / Geflüchtetenunterkünfte: Kaum Schutzkonzepte gegen LSBTI-feindliche Gewalt: https://www.lsvd.de/de/ct/4403-Gefluechtetenunterkuenfte-Kaum-Schutzkonzepte-gegen-LSBTI-feindliche-Gewalt

78 Eigene Übersetzung des Autors.

79 »Ägypten: Diskriminierung von Christen im Fußball«, Artikel von *Kirche in Not* vom 10. Februar 2022; https://kirche-in-not.ch/news/news-detail/aegypter-lieben-ihre-fussballnationalmannschaft-aber-einige-fuehlen-sich-ausgeschlossen/

80 Vgl. Länderbericht von Open Doors: https://www.opendoors.de/christenverfolgung/weltverfolgungsindex/laenderprofile/aegypten

81 3. Bericht der Bundesregierung zur weltweiten Lage der Religions- und Weltanschauungsfreiheit 2020-2022. https://www.bmz.de/resource/blob/230742/dritter-religions-und-weltanschauungsfreiheitsbericht.pdf; S. 153

82 Detlef Pollack, Olaf Müller, Gergely Rosta und Anna Dieler: »Integration und Religion aus der Sicht von Türkeistämmigen in Deutschland«, Studie des Exzellenzclusters Religion und Politik der Universität Münster, 2016, S. 13; https://www.uni-muenster.de/imperia/md/content/religion_und_politik/aktuelles/2016/06_2016/studie_integration_und_religion_aus_sicht_t__rkeist__mmiger.pdf

83 Haremeyn: »Almanya'da Ezan Okundu – Dusiburg Camisinde Ezan«, YouTube; https://www.youtube.com/watch?v=pz1uCEztxTg&t=2s

84 Islam Wahrheit 1: »Schöner #Adhan (#Gebetsruf) in #Berlin zu Zeiten des #Corona«, https://www.youtube.com/watch?v=sdiAD_t15sE

85 Ricarda Breyton: »Wir sahen den sozialen Frieden in Gefahr«, *Die Welt* online vom 27. April 2020; https://www.welt.de/politik/deutschland/article207559513/Muezzin-Ruf-Wir-sahen-den-sozialen-Frieden-in-Gefahr.html

86 UmranTV English: »Azan at The Al-Bayyazin mosque in Granada, Spain«, YouTube, https://www.youtube.com/watch?v=o8K8xuG2RDE; Exploring Deen:»Adhan after 500 years in Spain«, facebook; https://www.facebook.com/watch/?v=805167939892978

87 Umstrittener Muezzinruf dauerhaft erlaubt: https://www.domradio.de/artikel/umstrittener-muezzinruf-koeln-wird-dauerhaft-erlaubt Artikel vom 21.11.2024

88 »Muslimisches Leben in Deutschland 2020«, Studie des Bundesamts für Migration und Flüchtlinge und der Deutschen Islam Konferenz; https://www.bamf.de/SharedDocs/Anlagen/DE/Forschung/Forschungsberichte/fb38-muslimisches-leben.pdf?__blob=publicationFile&v=12 S. 105–113.

89 Friedmann Eißler: »Islamische Verbände in Deutschland. Akteure, Hintergründe, Zusammenhänge«, EZW-Texte 260/2019, S. 17, Evangelische Zentralstelle für Weltanschauungsfragen.

10. Die Außenpolitik und ihre Folgen

90 »HTS-Chef in Syrien kündigt Auflösung von Kämpfergruppen und Anschluss an Armee an«; 17.12.2024; https://www.tagesschau.de/newsticker/liv eblog-nahost-dienstag-210.html#HTS

91 https://www.instagram.com/duzentekkal/reel/DMQAQNLsxkQ/

92 »Syrien: Christenvertreter fordern internationalen Schutz«, 23.7.2025; https://www.vaticannews.va/de/welt/news/2025-07/syrien-christen-vertreter-fordern-internationalen-schutz.html

93 »Syrien: Waffenstillstand in Suweida hält«; 21.7.2025; https://www.vaticannews.va/de/welt/news/2025-07/syrien-waffenstillstand-in-suweida-halt-an.html

94 »Mehr als 300 deutsche und syrische Ärzte starten Klinikpartnerschaften mit Syrien«; 12.2.2025; https://www.bmz.de/de/aktuelles/archiv-aktuelle-meldungen/deutsche-und-syrische-aerzte-starten-klinikpartnerschaften-247256

95 Wahrscheinlich gibt es sogar wesentlich mehr Ärzte mit syrischem Hintergrund, die aber als Eingebürgerte Deutsche nur noch schwer statistisch zu erfassen sind, oder keine Zulassung haben, also nicht als Arzt in Deutschland tätig sind. Vgl. Deutsche Welle, 15.4.2024: »Syrische Ärzte verlassen Deutschland, um in der Heimat kostenlos zu arbeiten«; https:/www-dw-com.translate.goog/en/syrian-doctors-leave-germany-to-help-rebuild-syrian-health-system-for-free/a-72252936?_x_tr_sl=en&_x_tr_tl=de&_x_tr_hl=de&_x_tr_pto=sge

96 »Caritas international kritisiert die Kürzung von humanitärer Hilfe«; 15.7.2025; https://evangelische-zeitung.de/caritas-international-kritisiert-die-kuerzung-von-humanitaerer-hilfe

97 »Die zehn größten Geberländer von öffentlicher Entwicklungshilfe (ODA) im Jahr 2024«; https://de.statista.com/statistik/daten/studie/12294/umfrage/ranking-der-groessten-geber-von-entwicklungshilfe/

11. Grenzen der Integration

98 Angela Merkel, Pressekonferenz 31.8.2015: https://www.youtube.com/watch?v=5eXc5Sc_rnY#t=13m02s

99 Pressemittelung des Deutschen Städte- und Gemeindebundes: »Kommunen fordern mehr Unterstützung bei Integration und Begrenzung der illegalen Migration«; 26.11.2024: https://www.dstgb.de/publikationen/pressemitteilungen/kommunen-fordern-mehr-unterstuetzung-bei-integration-und-begrenzung-der-illegalen-migration/

100 S. epd-Gespräch mit Ahmed Mansour, 1.8.2025: »Psychologe Mansour: Zunächst die Menschen integrieren, die da sind«; https://www.evangelisch.de/inhalte/246116/01-08-2025/psychologe-mansour-zunaechst-die-menschen-integrieren-die-da-sind

101 Zahlen aus dem Jahr 2024: https://de.statista.com/statistik/daten/studie/12786/umfrage/aufnahmelaender-von-fluechtlingen/; s. auch hier: https://www.uno-fluechtlingshilfe.de/informieren/fluechtlingszahlen

102 Arbeitsmarktsituation von syrischen Angehörigen, Stand Januar 2025; Quelle: Bundesagentur für Arbeit; https://statistik.arbeitsagentur.de/DE/Statischer-Content/Statistiken/Themen-im-Fokus/Migration/Generische-Publikationen/AMkompakt-Arbeitsmarktsituation-von-syrischen-Staatsangehoerigen.pdf?__blob=publication File

103 »Vorschlag von Thüringer SPD-Landräten: CDU-Politiker Amthor hält Asylbewerberleistungen als Darlehen für ›prüfenswert‹«; https://www.tagesspiegel.de/politik/vorschlag-von-thuringer-spd-landraten-cdu-politiker-amthor-halt-asylbewerber leistungen-als-darlehen-fur-prufenswert-14174729.html vom 14.8.2025

104 Unter »Zuwanderer« wurden Asylbewerber, Kontingentflüchtlingen, Geduldeten und illegal Aufhältigen zusammengefasst. Fast 9 Prozent aller Tatverdächtigen waren laut der Polizeilichen Kriminalitätsstatistik »Zuwanderer«. https://www.bka.de/DE/AktuelleInformationen/StatistikenLagebilder/PolizeilicheKriminalstatistik/PKS2024/Polizeiliche_Kriminalstatistik_2024/Polizeiliche_Kriminalstatistik_2024_node.html

105 Alexander Betts, Paul Collier: »Gestrandet. Warum unsere Flüchtlingspolitik allen schadet – und was jetzt zu tun ist. « Sonderausgabe für die Bundeszentrale für Politische Bildung. Schriftenreihe Band 10145; Bonn 2017.

12. Das Verhältnis von Christen und Muslimen

106 www.weltethos.org

107 Hennig Wrogemann: »Wie dialogfähig sind das christliche Zeugnis und der Ruf zum Islam? Wahrnehmungen und Erwartungen«; https://www.kirchliche-dienste.de/damfiles/default/haus_kirchlicher_dienste/arbeitsfelder/islam/Vortrag_Wrogemann-eb9e23157ea36a2cfb4d01b6cf98a2dd.pdf

108 In diesem Begriff habe ich mich ebenfalls an Wrogemann angelehnt, ebenso in meinen Gedanken in dem nachfolgenden Absatz. Siehe: https://www.kirchliche-dienste.de/damfiles/default/haus_kirchlicher_dienste/arbeitsfelder/islam/Vortrag_Wrogemann-eb9e23157ea36a2cfb4d01b6cf98a2dd.pdf

109 Deutsche Koranverse aus: »Der Koran: Übersetzung von Rudi Paret«, Kohlhammer Verlag, Stuttgart 2014.

110 Vgl. epd-Interview mit Hanna Nouri Josua vom 19. Oktober 2016 sowie seine Doktorarbeit: »Ibrahim, der Gottesfreund: Idee und Problem einer Abrahamischen Ökumene«, Mohr Siebeck Verlag, Tübingen, 2016.

111 Mouez Khalfaoui: »Die islamische Theologie kann Zwangsheirat bekämpfen«, *Qantara.de* am 24. Dezember 2019; https://qantara.de/artikel/interview-mit-mouez-khalfaoui

112 Ein sehr hilfreicher Band mit Hintergrundinformationen ist der EZW Text 260 von Friedmann Eißler: »Islamische Verbände in Deutschland, Akteure, Hintergründe, Zusammenhänge«; https://www.ezw-berlin.de/html/119_10202.php; Auch der Blick in Verfassungsschutzberichte kann eine Orientierung sein.

113 https://www.goodreads.com/quotes/8833090-ignorance-leads-to-fear-fear-leads-to-hatred-and-hatred

114 https://www.schulz-von-thun.de/die-modelle/das-werte-und-entwicklungsquadrat; Die Idee der Anwendung auf den Dialog und Teile der Formulierung stammen von Friedmann Eißler, Materialdienst der Evangelischen Zentralstelle für Weltanschauungsfragen (EZW) 81/10 (2018) S. 376.

13. Muslimischer Antisemitismus

115 https://www.amadeu-antonio-stiftung.de/chronik/schiererei-an-der-synagoge-brunnenstrasse-in-berlin/

116 https://www.amadeu-antonio-stiftung.de/chronik/versuch-fahrer-von-fahrbahn-abzudraengen-weil-dieser-hebraeische-musik-hoert/

117 Die Bar wurde bereits mehrfach angegriffen, am 7. und 18. April, am 31. Januar 2025 und dreimal im Jahr 2024. https://www.amadeu-antonio-stiftung.de/chronik/bar-bajszel-erneut-angegriffen/

118 Oliver Decker, Johannes Kiess, Ayline Heller, Elmar Brahler (Hg.): »Vereint im Ressentiment. Autoritare Dynamiken und rechtsextreme Einstellungen.«, 12. Leipziger Autoritarismus Studie 2024, Psychosozial Verlag, Gießen S. 90/91 Ähnlich ist es laut der Befragung des Religionsmonitors 2023: 21 Prozent der Bevölkerung stimmt der Studie zufolge der antisemitischen Aussage zu: »Die Juden haben zu viel Einfluss in unserem Land.« Unter den Muslimen sind es 37 Prozent. Bertelsmann Stiftung (2023): »Religionsmonitor Kompakt: Antisemitsimus, Rassismus und gesellschaftlicher Zusammenhalt«, S. 3 und 5 https://www.bertelsmann-stiftung.de/fileadmin/files/BSt/Publikationen/GrauePublikationen/0RZ_BS-0302_Religionsmonitor_kompakt_web.pdf#page=3 Bertelsmann Stiftung (2023)

119 Von israelbezogenem Antisemitismus spricht man, wenn Israel dämonisiert, dem Staat die Existenzberechtigung abgesprochen wird, oder die Legitimität des jüdischen Staates verneint wird und wenn es Doppelstandards gibt, also Israel anders als andere Staaten behandelt wird und für ein Verhalten kritisiert wird, das bei anderen Staaten ignoriert wird. Vgl. die 3-D-Regel, die Nathan Sharansky entwickelt hat: »Antisemitismus in 3-D« https://www.hagalil.com/antisemitismus/europa/sharansky.htm

120 Laut der repräsentativen Befragung des Religionsmonitors der Bertelsmann-Stiftung, Bertelsmann Stiftung (2023): »Religionsmonitor Kompakt: Antisemitismus, Rassismus und gesellschaftlicher Zusammenhalt«, S. 5ff. https://www.bertelsmann-stiftung.de/fileadmin/files/BSt/Publikationen/GrauePublikationen/0RZ_BS-0302_Religionsmonitor_kompakt_web.pdf#page=5 unter den Muslimen sind es 68 Prozent.

121 Vgl. z. B. die repräsentative Mitte-Studie von Andreas Zick et al. »Die distanzierte Mitte. Rechtsextreme und demokratiegefährdende Einstellungen in Deutschland 2022/23 https://www.fes.de/index.php?eID=dumpFile&t=f&f=91776&token=-3821fe2a05aff649791e9e7ebdb18eabdae3e0fd#page=166

122 Vlg. Günther Jikeli im Materialdienst der EZW 10/2019, S. 361 Er zitiert eine Studie der Anti-Defamation League (ADL) aus dem Jahr 2015, nach der in der deutschen Gesamtbevölkerung 16 Prozent mindestens sechs von elf antisemitischen Aussagen zustimmen. Unter Muslimen in Deutschland sind es mit 56 Prozent über die Hälfte. Vgl. auch die Studie der ADL aus dem Jahr 2024. Diese kommt zu folgendem Ergebnis: Die Länder mit den weltweit höchsten Niveaus an antisemitischen Einstellungen sind mehrheitlich muslimisch. https://global100adl.org

123 Jewish people's experiences and perception of antisemitism, Studie der Frau, der Agentur der Europäischen Union für Grundrechte: https://fra.europa.eu/sites/default/files/fra_uploads/fra-2024-experiences-perceptions-antisemitism-survey_en.pdf, S. 18

124 Zum Vergleich: 2018 waren es noch »nur« rund 1.800 Straftaten, darunter 69 Gewalttaten. https://de.statista.com/statistik/daten/studie/829792/umfrage/polizeilich-erfasste-antisemitische-delikte-in-deutschland/

125 Sure 5,20.

126 Sahih Muslim, 53/5203 überliefert von Abu Huraira, Islamische Datenbank; http://islamische-datenbank.de/sahih-muslim?action=search&searchword=-gharqad&trans=_de

127 Alexander Gruber: »Erdoğans Erlösungsantisemitismus: ›Kein Baum wird die Juden schützen‹« *Mena-Watch* vom 15. Dezember 2017; https://www.mena-watch.com/erdogans-erloesungsantisemitismus-kein-baum-wird-die-juden-schuetzen/

128 Lucien Gubbay: »Sunlight and Shadow: The Jewish Experience of Islam«. New York, 1999, S. 16–17.

129 Ibn Ishaq: »Das Leben des Propheten«, aus dem Arabischen von Gernot Rotter, Spohr-Verlag, 1999, S. 121.

130 Mouhanad Khorchide und Walter Homolka: »Umdenken! Wie Islam und Judentum unsere Gesellschaft besser machen«, Herder Verlag, 2021, S. 37–38.

131 »Wahrnehmen – Benennen – Handeln. Handreichung zum Umgang mit Antisemitismus an Schulen«, 2019, S. 84; abrufbar unter: https://www.lpb-bw.de/publikation3469

132 Yehuda Bauer: Der Islamische Antisemitismus. Eine aktuelle Bedrohung, LIT-Verlag 2018, Münster, S. 21.

133 Vgl. Stephan Grigat in Georges Bensoussan: »Die Juden der arabischen Welt. Die verbotene Frage«, Berlin, Leipzig, 2019, S. 12.

134 »Sudan normalisiert Beziehungen zu Israel«, *Deutsche Welle* am 23. Oktober 2020; https://www.dw.com/de/sudan-normalisiert-beziehungen-zu-israel/a-55379319

135 Vgl. Sure 2,144. So zitiert auch Georges Bensoussan in seinem Buch »Die Juden der arabischen Welt. Die verbotene Frage« (S. 113) den israelischen Historiker und Juristen Eliezer Cherki.

136 Vgl. Hanna Nouri Josua: »Ibrahim, der Gottesfreund«, Mohr Siebeck Verlag, Tübingen, S. 467 f.

137 Alexander Ritzmann: »Warum das Verbot von Hisbollahs Hass-TV gut ist«, *Die Welt* vom 21. November 2008; https://www.welt.de/politik/article2762719/Warum-das-Verbot-von-Hisbollahs-Hass-TV-gut-ist.html

138 Mareike Enghusen: »Im Visier der Verschwörer« *Die Zeit* online vom 15. Mai 2020; https://www.zeit.de/2020/21/antisemitismus-verschwoerung-corona-krise-rechts-extremismus/seite-2

139 Julia Boutrus: »Wein el Malayeen«; YouTube; https://www.youtube.com/watch?-v=r67-pwudKPE oder hier: https://www.youtube.com/watch?v=gwRmb7FpZ2E&-list=RDgwRmb7FpZ2E&start_radio=1&t=32

140 »Bildung für die nächste Generation. Eine Korrektur palästinensischer Schulbücher als Voraussetzung für eine Verständigung«, Mideast Freedom Forum Berlin; http://www.mideastfreedomforum.org/fileadmin/editors_de/Broschueren/MFFB_Bildung_ _Palaestinensische_Schulbuecher_2017.pdf. Der Untersuchung aus dem Jahr 2017 liegen insgesamt fünfzehn Schulbücher der Fächer Geschichte und Nationale Erziehung der Jahrgangsstufen eins bis neun zugrunde. Die Bücher sind in den Jahren 2000–2005 erstmalig in das palästinensische Kerncurriculum eingeführt worden. Bei den untersuchten Werken handelt es sich um die zweite und teils überarbeitete Auflage, eingeführt im Zeitraum 2011–2014.

141 UNRWA: United Nations Relief and Works Agency for Palestine Refugees in the Near East, Hilfswerk der Vereinten Nationen für Palästina-Flüchtlinge im Nahen Osten.

142 So geschehen am 16. Oktober 2024; https://www.amadeu-antonio-stiftung.de/chronik/demonstration-aufruf-zum-judenmord/

143 Burak Yilmaz: »Ehrensache. Kämpfen gegen den Judenhass«, © Suhrkamp Verlag, Berlin 2021, S. 7–11.

14. Identität und Werte

144 Theodor Heuss, Rede am 16. September 1950 in Heilbronn. https://www.theodor-heuss-haus.de/theodor-heuss/zitate/

145 Prof. Dr. Daniel Thym: »Warum Verfassungspatriotismus anspruchsvoll ist« *FAZ* vom 15. Januar 2018; https://www.faz.net/aktuell/politik/die-gegenwart/freiheit-vielfalt-und-gemeinsinn-die-integrationsdebatte-nach-der-fluechtlingskrise-15398663.html?printPagedArticle=true#pageIndex_2

146 Die Meinung von Alice Harsters, RBB, zu den Ergebnissen des Integrationsgipfels, 9. März 2021: https://www.tagesschau.de/multimedia/video/video-833997.html

147 Vgl. Sinus-Studie aus dem Jahr 2024: https://www.sinus-institut.de/media-center/presse/weltglueckstag-2024

Wir müssen reden …

148 Übersetzung des Autors.

Wenn nicht anders angegeben, stammt die deutsche Übersetzung der Koranverse von Elyas/Bubenheim: »Der edle Qur'an und die Übersetzung seiner Bedeutungen in die deutsche Sprache«, online abrufbar unter: https://islam.de/13822

Alle Bibeltexte sind, soweit nicht anders angegeben, der Bibel nach Martin Luther, revidierte Fassung 2017, entnommen. © 2016 Deutsche Bibelgesellschaft, Stuttgart

Alle Links wurden zuletzt im August 2025 mit Blick auf ihre Aktualität überprüft.

Mehr Freude am Lernen

Fast 40 Jahre lang arbeitete Margret Rasfeld als Lehrerin, leitete zwei Jahrzehnte Schulen. Und von Ruhestand kann bei ihr heute keine Rede sein. Leidenschaftlich kämpft sie zusammen mit Ute Puder dafür, das Schulwesen so zu verändern, dass alle Kinder die in ihnen schlummernden Potenziale entfalten und mit Freude lernen können. Im Vorwort schreibt Dr. Gerald Hüther: *»Margret Rasfeld und Ute Puder machen Ho nung: In diesem Buch wird nicht über die Schule gemeckert, sondern ihr Neubau vom Fundament aus beschrieben.«*

Margret Rasfeld / Ute Puder

Das Schul-Drama

Hardcover mit Schutzumschlag
192 Seiten
ISBN 978-3-96340-285-2
€ 21,00

gutes leben
bene!

Das Leben als Reise zu sich selbst

Das Leben liegt vor uns wie eine unbekannte Landschaft, die es zu durchqueren gilt. Mitten im Alltag träumen wir von einem anderen, einem besseren Leben. Immer wieder müssen wir neu aufbrechen und uns Herausforderungen stellen. Damit die Transformation gelingt und wir auch innerlich wachsen, ist es wichtig, sich bewusst zu machen, worauf es wirklich ankommt. Dazu laden Melanie Wolfers und Andreas Knapp ein. Sie selbst haben in ihrem Leben große Umbrüche erlebt, verbinden eigene Erfahrungen mit grundsätzlichen Überlegungen und Fragen zur Selbstreflexion.

Melanie Wolfers,
Andreas Knapp

Atlas der unbegangenen Wege

Hardcover
224 Seiten
ISBN 978-3-96340-323-1
€ (D) 24,00

gutes leben
bene!

Der Verlag weist ausdrücklich darauf hin, dass im Text enthaltene externe Links vom Verlag nur bis zum Zeitpunkt der Buchveröffentlichung eingesehen werden konnten. Auf spätere Veränderungen hat der Verlag keinerlei Einfluss. Eine Haftung des Verlags ist daher ausgeschlossen.

Besuchen Sie uns im Internet:
www.bene-verlag.de

MIX
Papier | Fördert gute Waldnutzung
FSC® C014496

Aktualisierte Neuauflage 2026

Ein Imprint der Verlagsgruppe
Droemer Knaur GmbH & Co. KG
Landsberger Straße 346, 80687 München

Konzeption und Textgestaltung: Judith Kubitscheck
Lektorat: Stefanie Ramsperger, Stefan Wiesner
Gestaltung: Maike Michel
Coverfoto: Conny Wenk
Druck und Bindung: GGP Media GmbH, Pößneck
ISBN 978-3-96340-124-4

Kontaktadresse nach EU-Produktsicherheitsverordnung:
produktsicherheit@droemer-knaur.de

5 4 3